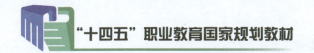

"十四五"职业教育国家规划教材

U0694061

|职业教育电子商务专业 系列教材|

网店装修

（第3版）

主　编／张文彬

副主编／林　敏　彭燕娟　周晓柠

　　　　刘文海　李冬霞

参　编／（排名不分先后）

　　　　何俊荣　朱　静　陈维静　吴玉娜

　　　　寇亚彬　刘静静　杜　慧　许　刚

重庆大学出版社

内容提要

本书由讲授"网店装修"课程的一线教师编写，以实例的方式介绍网上店铺的装修操作。全书主要包括店铺开设、店铺图设计、网店首页装修、淘宝视频制作、详情页设计与制作、手机端淘宝店铺装修、综合案例制作等7个项目模块，全方位介绍了淘宝网店装修的流程、方法和技巧，使读者能够轻松、快速地设计出令人满意的店铺展示效果。

本书内容丰富全面，图文并茂，深入浅出，可作为职业院校电子商务、平面设计等专业以及计算机相关专业学生的教材，也可作为广大网商、网络从业人员、网上创业者的学习和参考用书，还可作为电子商务培训班的教材。

图书在版编目（CIP）数据

网店装修 / 张文彬主编. -- 3版. -- 重庆：重庆
大学出版社，2022.8（2025.1重印）
职业教育电子商务专业系列教材
ISBN 978-7-5689-0146-8

Ⅰ.①网… Ⅱ.①张… Ⅲ.①电子商务—网站—设计
—职业教育—教材 Ⅳ.①F713.361.2

中国版本图书馆CIP数据核字（2022）第027650号

职业教育电子商务专业系列教材

网店装修（第3版）
WANGDIAN ZHUANGXIU

主 编 张文彬
副主编 林 敏 彭燕娟 周晓柠 刘文海 李冬霞
策划编辑：王海琼
责任编辑：王海琼 装帧设计：孙 婷
责任校对：刘志刚 责任印制：赵 晟
＊
重庆大学出版社出版发行
出版人：陈晓阳
社址：重庆市沙坪坝区大学城西路21号
邮编：401331
电话：（023）88617190 88617185（中小学）
传真：（023）88617186 88617166
网址：http://www.cqup.com.cn
邮箱：fxk@cqup.com.cn（营销中心）
全国新华书店经销
重庆市正前方彩色印刷有限公司印刷
＊
开本：787mm×1092mm 1/16 印张：10.5 字数：250千
2016年11月第1版 2022年8月第3版 2025年1月第12次印刷
印数：24 001—27 000
ISBN 978-7-5689-0146-8 定价：49.00元

编写人员名单

主　编　张文彬　中山市沙溪理工学校

副主编　林　敏　中山市沙溪理工学校

　　　　彭燕娟　佛山市南海区九江职业技术学校

　　　　周晓柠　中山市沙溪理工学校

　　　　刘文海　中山市沙溪理工学校

　　　　李冬霞　广州市财经商贸职业学校

参　　编（排名不分先后）

　　　　何俊荣　中山市沙溪理工学校

　　　　朱　静　广州市财经商贸职业学校

　　　　陈维静　佛山市南海区信息技术学校

　　　　吴玉娜　湛江财贸中等专业学校

　　　　寇亚彬　广州市财经商贸职业学校

　　　　刘静静　东莞市商业学校

　　　　杜　慧　普宁职业技术学校

　　　　许　刚　十点钟文化传媒有限公司

F前　言（第3版）
oreword

　　近年来，随着5G技术的应用和移动互联网的普及，电子商务迎来了新的发展机遇，网络购物成为年轻人的购物方式。与此同时，受新冠肺炎疫情影响，实体店铺人流量锐减，网上开店可以增加店铺线上收入，缓解实体店铺压力。网上开店，这一低成本创业方式成为很多人的选择，如何让自己的店铺在茫茫店海中脱颖而出，就成为我们共同探讨的话题。

　　本书写作的初衷是为了帮助网络卖家，特别是中小卖家，其中也包括想自己创业的广大读者，能够更好地管理、经营自己的网上店铺，给顾客带来更好的网上购物体验。本书主要包括店铺开设、店铺图设计、网店首页装修、淘宝视频制作、详情页设计与制作、手机端淘宝装修、综合案例制作等7个项目模块，并根据每个项目的内容和特点，安排了具体的项目任务、综合案例、合作实训、项目总结和项目检测。本书具有以下特点：

　　①打破中职教材的传统编写模式，采用"项目→任务→活动"的编写体例，通过具体项目模块、任务细分、课堂活动操作，融入相关的理论知识，避免了从纯理论入手的传统教学模式。

　　②编写内容以读者为主体，以项目为驱动，让读者亲身体验真实的网店装修任务情境实践，在做中学，学中做，培养读者的劳动意识。让读者在完成每一个课堂活动的基础上结合掌握网店装修相关知识和技能，从而激发读者的学习兴趣和培养读者的自主学习能力。

　　③全面讲解淘宝网店铺装修的知识，从PC端店铺的装修、小视频制作和手机端店铺装修，为卖家提供全面、实用、快速的店铺装修指导。

　　④本书的综合案例设计为文创店铺装修，选取具有中国传统文化的文创产品，将社会主义核心价值观等知识融入教材中，让读者在由浅入深地学习网店装修的知识和技能过程中，提升爱国情怀和文化自信。

　　⑤本书中的案例经由美工老师专业设计，每个案例都有配套素材、效果图及操作视频，让读者在练习中快速提升技能，同时接受美的熏陶，提升审美能力。

　　⑥邀请电子商务企业技师共同撰写，使学习内容与企业真实应用同步，同时将企业真实项目提炼出来作为实训案例，辅以必要的理实一体化作业，帮助读者提升综合竞争力。

　　本书的每个项目设计了多个任务，每个任务安排了若干个活动。项目的基本结构如下：

【项目综述】简述项目要完成的具体任务及涉及的相关知识点。

【项目目标】实施项目所要达到的期望结果，以及所能掌握的知识技能。

【项目思维导图】梳理项目中包含的任务和活动。

【情境设计】依据真实的学习状况和公司动态设定情境。

【任务分解】任务实施的具体步骤。

【知识窗】任务完成所涉及的相关网店装修理论知识。

【项目总结】指导读者对项目所涉及的知识和技能进行回顾和总结。

【项目检测】帮助读者思考、理解和消化项目的知识点。

指导读者系统学习本书后，能全面了解淘宝店铺的开店要求、首页装修和详情页装修要点、视频拍摄和剪辑方法、手机端装修方法、电子商务职业道德和开网店创业的相关知识和技能。

本书由众多经验丰富的专业教师和企业技师合力编写，同时得到了重庆大学出版社、十点钟文化传媒有限公司的大力支持和帮助，在此一并表示衷心的感谢。本书由张文彬担任主编统筹编写，由林敏、彭燕娟、周晓柠、刘文海、李冬霞担任副主编，协助完成审稿和配套教学资料的整合。本书的编写分工为：项目 1，张文彬；项目 2，彭燕娟、何俊荣；项目 3，周晓柠、陈维静、吴玉娜；项目 4，林敏、刘文海；项目 5，李冬霞、朱静；项目 6，寇亚彬、许刚；项目 7，杜慧、刘静静。

为了方便教学，编者为本书提供了以下配套资料：任务活动所需的素材图片、操作视频、每个项目教学设计和多媒体课件、项目检测习题的参考答案。本书的配套资料可在重庆大学出版社的资源网站（www.cqup.com.cn）下载。

本书虽然倾注了编者的努力，但由于水平有限，书中存在不足之处，恳请读者批评指正。

邮箱：191147703@qq.com

编　者

2022 年 1 月

F 前 言
oreword

近年来，随着互联网与电子商务技术的快速发展，网络购物已经日益为人们所熟悉和接纳，这为更多人在网上创业提供了途径。网上开店，这一低成本创业方式成为很多人的选择，如何让自己的店铺在茫茫店海中脱颖而出，就成了我们共同探讨的话题。

本书写作的初衷是帮助网络卖家，特别是中小卖家，其中也包括想自己创业的学生，能够更好地管理、经营自己的网上店铺，给来访者带来更好的网上购物体验。本书内容主要包括 8 个项目：开设店铺；应用店铺模板；设计店标、店招、导航条；设计宝贝分类；设计商品图片；设计商品描述页；切割商品图片；设计促销广告。并根据每个项目的内容与特点安排了具体的情境任务、课堂活动、合作实训和课后习题。本书具有以下特点：

1.本书打破了职业教材的传统编写模式，采用"项目→任务→活动"的编写体例，通过具体项目模块、任务细分、课堂活动操作，融入相关的理论知识，避免了从纯理论入手的传统教学模式。

2.本书内容以学生为主体，以项目为驱动，让学生亲身体验真实的网店装修任务情境实践，在"做中学，学中做"。让学生在完成每一个课堂活动的基础上结合掌握网店装修相关知识和技能，从而激发学生学习的兴趣和培养学生自主学习的能力。

3.全面讲解淘宝网店铺装修的知识，从普通店铺的装修到旺铺的装修，从店招的设计到商品描述模板的制作，为读者提供全面、实用、快速的店铺装修指导。

4.本书邀请了著名企业的电子商务行业专家共同撰写，确保学习内容与企业真实应用同步，而且把电子商务企业真实工作提炼出来作为实训项目，辅以必要的理实一体化作业，帮助学生提升综合竞争力。

本书的每个项目设计了多个任务，每个任务安排若干个活动。项目的基本结构如下：

【项目综述】简述要完成的具体任务及涉及的相关知识点。

【任务情境】依据真实的学习状况和公司动态设定情境。

【知识窗】完成任务所涉及的网店装修相关的理论知识。

【活动实施】分解成若干个具体的课堂活动，指导学生完成活动的具体步骤。

【合作实训】为巩固学生学习的基础知识和培养学生的团队合作能力而进行的综合实训项目。

【项目总结】启发学生对本项目所涉及知识和技能的回顾和总结。

【项目检测】帮助学生思考、理解和消化本项目的知识点。

当系统学习了本书之后，不仅能全面了解行业发展历程和网络交易平台发展状况，同时能学习和体验网络购物、电子支付和物流配送活动，掌握一定的网络营销活动推广和电子商务安全管理的技能，培养电子商务职业道德，获得就业创业的相关知识和技能。

为了方便教学，本书提供了如下资料：任务活动所需的素材图片，每个项目多媒体课件、电子教案，项目检测习题的参考答案，两套试卷以及答案。本书的配套资料可在重庆大学出版社的资源网站（www.cqup.com.cn，用户名和密码：cqup）上下载。

本书由张文彬担任主编，统筹编写，由彭燕娟、巩彦飞和冯子川担任副主编，协助完成审稿和配套教学资料的整合。本书的编写情况是：项目1由姚建军编写；项目2由张文彬、周晓柠编写；项目3由彭燕娟编写；项目4由周晓柠、冯子川编写；项目5由彭燕娟、何俊荣编写；项目6由巩彦飞、陈高如编写；项目7由董夙愿编写；项目8由巩彦飞编写。

本书由众多经验丰富的专业教师合力编写，同时也得到了重庆大学出版社、中山市迪希亚网络科技有限公司的大力支持和帮助，在此一并表示衷心的感谢。

本书虽然倾注了编者的努力，但由于水平有限，书中不足之处，恳请读者批评指正。

编　者

2016 年 3 月

C 目 录
ontents

项目 1
店铺开设 ·····································

项目综述

晓玲是职业院校电子商务专业二年级的一名学生，目前在校企合作某文化传媒有限公司参加实践学习。通过学习，晓玲了解到在淘宝网上开店并不是上传几张图片这么简单，需要做大量的准备工作，不仅包括熟悉商品规格并提炼卖点、拍摄及美化处理商品图片、撰写脚本、拍摄商品视频、剪辑淘宝主图视频和详情页视频、撰写文案、策划营销活动、装修网店、推广宝贝、SEO 优化、客户沟通、联系快递等基本知识和技能，还包括选择货源、了解淘宝规则等知识储备，更重要的是要做好开店前的心理准备。

首先，晓玲需要掌握注册淘宝账户和支付宝账户的方法，熟知淘宝网开店的流程；其次，晓玲需要对店铺进行基本信息的设置；最后，设置网店模板，定好网店的基本框架。

项目目标

通过本项目的学习，应达到的具体目标如下：

知识目标
- 了解淘宝开店的流程
- 理解网店装修的重要性

能力目标
- 能开设网上店铺
- 会注册淘宝账号和支付宝账号

素质目标
- 培养良好的统筹规划能力
- 培养举一反三的逻辑思维能力
- 培养网络安全的意识

活动1　注册淘宝账户

活动2　注册支付宝账户

任务1　店铺开通

活动3　绑定淘宝账户和支付宝账户

活动4　完成网店开张

项目1　店铺开设

活动1　设置店铺基本信息

任务2　店铺设置

活动2　开通二级免费域名

任务1　店铺开通

情境设计

　　时下，网上开店门槛低、风险小，越来越受到创业者的欢迎，网上开店已经成为一种新潮流，也是帮助国家解决大量就业的一种新方式。如白领、学生、线下店铺的老板们都纷纷开起了网店。虽然各大网店如雨后春笋般涌现，但大部分店主由于对网店平台认识不清，缺乏开店知识和技巧，对商品的选择、进货渠道、定价及赢利模式把握不准，目标消费群体定位不清，导致网店经营效率不高、运营效果不好。因此本任务旨在帮助店主们把握网店定位及解决网店开设中存在的困惑。

任务分解

　　学习之后，晓玲对店铺开设分4步进行：注册淘宝账户、注册支付宝账户、绑定淘宝账户和支付宝账户、完成网店开张。

活动1　注册淘宝账户

活动背景

晓玲通过网络、书籍等途径认真学习了网上开店的相关知识，了解到店铺开通第1

步要进行淘宝会员注册。她首先申请了一个邮箱，取店铺名为淘宝会员名，这样可以方便线下顾客找到店铺，根据淘宝店的指引注册好了属于自己的淘宝账户。

活动实施

步骤 1：登录淘宝网，点击页面上方"免费注册"，点击"同意协议"按钮。

步骤 2：进入注册页面后，选择所在的地区，填写手机号码，拖动滑块验证手机号码是否能用于注册，然后使用该手机接收验证码，如图 1.1.1 所示。

图 1.1.1

步骤 3：短信验证完毕后，填写账户登录名、登录密码等信息，点击"提交"按钮，即可注册成功，如图 1.1.2 所示。

图 1.1.2

◎温馨提示◎

　　在成功注册淘宝账户后，系统会同时生成一个对应的支付宝账户，无须独立注册支付宝账户。如有其他情况需要单独注册支付宝账户，请参考"活动 2　注册支付宝账户"。

活动评价

晓玲通过实践操作，拥有了自己的淘宝账户。通过实践，她总结出：淘宝会员名注册后不能修改，且会员名尽量要和店铺挂钩，不使用生僻字。

综合案例 🛒

案例名称： 文创产品店铺装修——注册文创产品淘宝账号。

案例背景： 黄巧是工艺美术专业的一名学生，她是校企合作企业某文化传媒工作室的成员。工作室近期承接了一个项目，在淘宝网开网店卖文化创意产品。文创产品是将文化创意与相关产物相结合，将传统文化的精神和含义从实物中体现，帮助人们理解以及更好地传播文化。工作室考虑到黄巧是工美专业学生，平时又喜欢文创产品，决定让她跟着公司运营人员一起做这个项目。首先，她们要在淘宝店注册文创产品网店，网店名称为"艺·尚"。

实训目的： 根据淘宝注册账号流程，学会注册淘宝账号。

实训要求： 根据文创产品网店名称，注册淘宝账号。

活动 2 注册支付宝账户

活动背景

晓玲想要单独注册一个支付宝账户，支付宝账户注册有两种方式：一种是使用手机号码注册，另一种是使用邮箱注册。本次操作以使用邮箱注册为例。

活动实施

步骤 1：在计算机浏览器中打开支付宝首页，点击"立即注册"。

步骤 2：输入邮箱地址和验证码，点击"下一步"按钮。

步骤 3：输入手机号码，账户绑定手机。

步骤 4：点击"立即查收邮件"，如果没有收到邮件，可点击"重新发送邮件"。

步骤 5：收到激活支付宝账户的邮件，点击"继续注册"。

步骤 6：填写个人信息后，点击"确认"按钮。

步骤 7：设置支付方式，输入银行卡号，再输入银行卡绑定的手机接收到的验证码，点击"同意协议并确定"。手机号码为此银行卡在银行预留手机号码，如不正确请与银行工作人员核对，如手机号码已不再使用，应及时到银行更新为常用手机号码。

◎温馨提示◎

真实姓名、身份证号码必填，需要填写真实信息，注册完成后不可修改。另外，该页面的职业、常用住址信息也为必填项。

◎**知识窗**◎

　　支付宝密码有登录密码和付款密码两种,不要贪图方便将这两个密码设置成一样的或相近的,以免被他人破解而使资金受损。

活动评价

　　晓玲通过实践操作,学习区分个人账户和企业账户、登录密码和支付密码,注册了自己的支付宝个人账户。

综合案例

　　案例名称: 文创产品店铺装修——注册文创产品支付宝账号。
　　案例背景: 黄巧团队已注册好淘宝账号,接下来,为了能在网上交易,她们要注册支付宝账号。
　　实训目的: 熟悉掌握注册支付宝账号的流程。
　　实训要求: 根据文创产品网店名称,注册支付宝账号。

活动 3　绑定淘宝账户和支付宝账户

活动背景

　　晓玲已经注册了淘宝账户和支付宝账户,她准备绑定淘宝账户和支付宝账户。

活动实施

　　步骤 1:打开淘宝网,登录账户,点击页面右上方“我的淘宝”→“账户设置”→“支付宝绑定”。
　　步骤 2:输入支付宝账户。
　　步骤 3:如果输入的支付宝账户是普通账户,弹出支付宝登录密码输入框;如果是支付宝钱包注册账户,会弹出二维码,需要扫码后在支付宝钱包中输入手机支付密码。验证通过,即绑定成功。
　　步骤 4:绑定成功,显示已绑定的支付宝账户。

活动评价

　　晓玲通过实践操作,完成了淘宝账户与支付宝账户的绑定。

综合案例

　　案例名称: 文创产品店铺装修——绑定淘宝账户和支付宝账户。
　　案例背景: 黄巧团队已注册好淘宝账号和支付宝账号,根据店铺开设要求,黄巧需要绑定淘宝账户和支付宝账户。

　　实训目的: 熟悉掌握绑定淘宝账户和支付宝账户的流程。

　　实训要求: 绑定淘宝账户和支付宝账户。

活动 4　完成网店开张

活动背景

　　晓玲已经注册了淘宝账户和支付宝账户,下一步她准备进行支付宝实名认证和淘宝开店认证。

活动实施

　　步骤 1: 打开淘宝网, 登录账户, 在网页右上角找到"千牛卖家中心", 如图 1.1.3 所示。

图 1.1.3

　　步骤 2: 点击"免费开店", 进入"选择开店类型"界面, 如图 1.1.4 所示。

图 1.1.4

◎知识窗◎

　　个人店铺对应个人身份证，企业店铺对应企业营业执照。一个身份证只能注册一个店铺，企业法人个人开过淘宝店，该法人企业营业执照也可以注册企业店铺。

　　步骤 3：点击"创建个人店铺"，进入"阅读开店须知"界面。点击"我已了解，继续开店"，进入"申请开店认证"界面，如图 1.1.5 所示。

图 1.1.5

　　步骤 4：点击"立即认证"，进入"淘宝开店认证"界面，扫描二维码，在手机上按照步骤完成操作。

◎温馨提示◎

　　我们要践行社会主义核心价值观，要遵纪守法！网上开店，不要销售法律法规禁止或限制销售的商品，如武器弹药、管制刀具、文物、淫秽品、毒品；不要销售假冒伪劣商品；不要销售其他不适合网上销售的商品，如股票、偷盗品、走私品、药品或其他非法来源获得的商品。

活动评价

　　晓玲通过实践操作，终于拥有了淘宝 C 店。在开店流程操作过程中，晓玲发现了不少操作技巧，避免了返工，提高了各种注册、认证的一次性通过率。注意，支付宝实名认证要求年满 18 岁。

综合案例

案例名称: 文创产品店铺装修——开通文创产品淘宝店铺。

案例背景: 黄巧团队已做好开通淘宝店铺的前期准备, 最后, 她们要完成文创产品淘宝店铺的开通。

实训目的: 熟悉掌握开通淘宝店铺的流程。

实训要求: 使用淘宝账号, 开通文创产品淘宝店铺 ——"艺·尚"。

①申请开店认证。

②上传相关证件。

③完成网店开通。

任务2 店铺设置

情境设计

通过任务1的学习, 晓玲已经顺利地完成了淘宝网账户注册、支付宝账户绑定以及获得了开店资格。接下来, 晓玲需要对自己的店铺进行设置, 根据她父母经营商品的类目, 完成对店铺资料设置以及整体店铺风格的设置。

任务分解

学习之后, 晓玲决定对店铺设置分2步进行: 设置店铺基本信息、开通二级免费域名。

活动1 设置店铺基本信息

活动背景

晓玲与父母沟通并征求老师意见后, 确定了店铺的基本信息。通过设置店铺信息, 可以方便客户快速搜索到店铺, 增加关键词, 提高店铺的点击率。

活动实施

步骤1: 登录淘宝网。

步骤2: 点击"千牛卖家中心", 进入"千牛卖家工作台", 如图1.2.1所示。

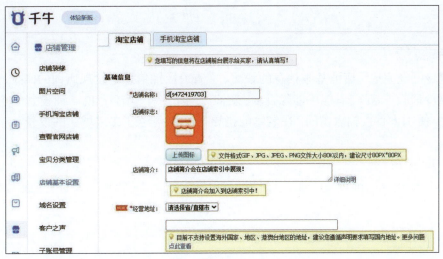

图 1.2.1

◎知识窗◎

（1）店铺名：店铺名称具有唯一性，不重复，但是可以根据店铺的经营类目进行修改。

（2）店铺简介：店铺简介最好有针对性，它是卖家对自己店铺经营信息提炼的关键字，它会影响买家对卖家店铺的搜索。

（3）经营地址：添加店铺的经营地址。目前淘宝网加强了对卖家经营地址的管控。如果地址填写错误则无法提交保存，地址必须能在高德地图上显示出来。

（4）店标：店标就是店铺标志。它支持 .gif 格式和 .jpg 格式，一般尺寸为 100 像素 ×100 像素，大小限制在 80 kB 以内。

（5）店铺介绍：卖家对店铺的介绍，方便买家了解更多卖家的经营内容。

活动评价

晓玲通过实践操作，根据自己的店铺定位，完成了相关信息的设置。在设置过程中，她发现店铺的名称是不能被占用的，而且要符合自己商品的定位，方便用户搜索。同时，在设置店铺信息时，店铺的经营地址不一定要跟自己的营业执照是同一个地址，但必须是正确且能够查询到的地址。

综合案例

案例名称： 文创产品店铺装修——设置店铺基本信息。

案例背景： 黄巧团队已开通"艺·尚"文创产品淘宝店铺，接下来，她们要根据销售商品设置店铺基本信息。

实训目的： 掌握相关店铺信息的设置。

实训要求： 根据网上销售文创产品的要求以及文创产品的类型，设置相关店铺信息。

活动 2　开通二级免费域名

活动背景

晓玲已经完成了店铺基本信息的设置，在查看店铺信息时发现店铺的网址比较长，于是晓玲请教了老师，看能不能像百度、新浪等网站一样，给自己的店铺设置一个特别的网址，方便别人直接输入访问。在老师的指导下，晓玲学会了二级域名的设置。

活动实施

步骤 1：进入店铺设置界面，点击"域名设置"，进入"二级域名设置"界面，如图 1.2.2 所示。

◎知识窗◎

二级域名表现形式为×××.taobao.com（×××部分称为二级域名，为卖家自己设置的内容）。

步骤 2：输入想用的域名，查询是否被他人占用，若已经被占用，只能输入新的域名进行测试。若没有被占用，查看使用规则，确认无问题后勾选"我已阅读并同意"，点击"保存"即可。如图 1.2.2 所示。

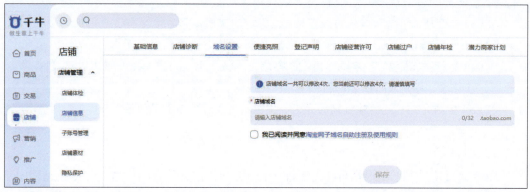

图 1.2.2

步骤 3：域名绑定成功。注意：域名修改不能超过 3 次，超过 3 次将不能修改，以最后一次为准。更改域名之后，原先店铺显示的域名将被替换，同时店铺中的部分链接要 8 小时后才能更新。

活动评价

晓玲通过实践操作发现，网站的域名分为顶级域名、二级域名、三级域名等，顶级域名卖家无法申请，二级域名卖家可以申请修改 3 次。通过查阅资料，晓玲知道只有付费旺铺专业版或智能版的用户才能免费设置二级域名，一钻以下免费升级的用户无法设置二级域名。

综合案例 🛒

案例名称：文创产品店铺装修——开通店铺的二级免费域名。

案例背景：黄巧团队已设置好店铺基本信息，为了方便买家访问店铺，她们决定开通店铺的二级免费域名。

实训目的：掌握开通店铺二级免费域名的方法。

实训要求：根据文创产品网店名称，开通店铺的二级免费域名。

合作实训

学习了开店流程，请以小组为单位进行合理分工，创建一个淘宝店。

要求：

①完成网店开张。

②设置店铺相关信息。

③开通店铺的二级免费域名。

项目总结 🛒

通过本项目的操作与实施，学生可掌握淘宝开店前的准备工作，理解并学会淘宝会员注册、支付宝账户注册及相关认证的重要性，能够在淘宝网上开设店铺，能使用网店模板装修店铺。本项目锻炼了学生的统筹规划能力和分工协作能力，为接下来的项目开展奠定了基础，迈出了成功创业的第一步。

项目检测 🛒

1. 单项选择题

（1）淘宝网禁止出售伪造、变造的政府机构颁发的文件、证书、公章或仅限国家机关或特定机构方可提供的服务，（　　　）可以在淘宝网上销售。

    A. 个性刻章　　　　　B. 公章　　　　　C. 会计证　　　　D. 学生证

（2）买家通过大额信用卡支付功能付款，卖家需要支付交易金额（包含运费）的（　　　）作为交易手续费。

    A. 5%　　　　　　　　B. 3%　　　　　　　C. 1%　　　　　　　D. 2%

（3）店铺动态评分说法正确的是（　　　）。

    A. 必须对前三个维度评分才能提交

    B. 只有一次创建机会，不能修改

    C. 必须对四个维度都评分才能提交

    D. 评价方可以在修改期内自主修改店铺评分

（4）买家在已付款的状态下申请退款，卖家需要在（　　　）内响应退款。

    A. 5 天　　　　　　　　　　　　　　B. 2 天

    C. 3 天　　　　　　　　　　　　　　D. 虚拟 3 天，非虚拟 5 天

(5)店铺设置中最多可有( )个自定义页面。

    A. 7   B. 5   C. 6   D. 8

2. 多项选择题

(1)下列哪一项是淘宝卖家必须做到的?( )

    A. 宝贝页面的描述应该与商品的实际情况相符

    B. 遵守淘宝规则,遵守对买家的服务承诺

    C. 每天都要重新发布商品

    D. 出售的商品,在合理期间内不存在影响正常使用的质量问题

(2)在下面哪种情况下,淘宝无权收回会员名?( )

    A. 已通过支付宝实名认证的且连续三年未登录淘宝网或阿里旺旺的会员名

    B. 已通过支付宝实名认证的且连续两年未登录淘宝网或阿里旺旺的会员名

    C. 未通过支付宝实名认证且连续一年未登录淘宝网或阿里旺旺的会员名

    D. 已通过支付宝实名认证的且连续一年未登录淘宝网或阿里旺旺的会员名

(3)以下哪种行为属于淘宝违规行为?( )

    A. 成交不卖   B. 虚假交易

    C. 滥发信息   D. 侵犯知识产权

(4)下列哪些行为属于违规行为?( )

    A. 同一会员开两家店铺并且发布完全相同的商品

    B. 同一会员开一家店铺并且发布大量重复的商品

    C. 同一会员开两家店铺并且发布不同的商品

    D. 同一会员开一家店铺并且发布各种不同的商品

(5)下列哪些属于信用评价和店铺评分的区别?( )

    A. 买家、卖家相互之间都能给对方进行信用评价,但是卖家不能给买家打店铺评分

    B. 针对信用评价,评价人可以给好评、中评、差评,而店铺评分只能打分数

    C. 淘宝上很多卖家会员名边上显示的"皇冠""钻石",是指店铺评分的分数,不是指信用评价的积分

    D. 信用评价中的好评会使得被评价人累计信用积分,而店铺评分不累计信用积分

3. 判断题

(1)可以在淘宝网上出售"敌敌畏"。   ( )

(2)关于店铺的累计销售量,上一个月的累计销售量会在下一个月5日清零。

                                                      ( )

(3)淘宝网支持多手机号的绑定,会员在绑定1个主手机号码的基础上可以再绑定最多5个子手机号码。   ( )

4. 简述题

(1)在淘宝网上开店前需要做哪些准备工作?

(2)支付宝实名认证有几种途径?具体如何操作?

项目 2
店铺图设计 .... □

项目综述

晓玲通过项目 1 的学习和实践，注册了淘宝账户和支付宝账户，成功开了网店。她还根据商品类型，确定了网店店铺的模板，设置了店铺页面的布局，网店首页有了基本架构。因为店铺所销售的女装意向顾客是高中学生，属于青春靓丽的风格，晓玲请教公司美工，决定设置网店的主色调为蓝绿色（R：44，G：141，B：140）。

商品上架需要用到商品图片，因此，晓玲根据所卖衣服的风格、网店的主色调，合理设计搭配、布置场地、邀请适龄模特，精心为商品拍摄了一组图片，包括正面图、背面图、细节图、模特图、场景图等。一个好的网店，不仅要有好的店铺名，还要有好的店标、能反映风格及卖点的主图和能吸引顾客眼球的活动图，晓玲打算提前设计、制作这些图片，把店铺进一步充实完善好。

项目目标

通过本项目的学习，应达到的具体目标如下：

知识目标

- 了解淘宝店铺图的类别
- 理解网店店铺图的作用

能力目标

- 会各类店铺图的设计
- 能进行店铺图的制作

素质目标

- 培养学生的审美能力
- 培养团队协作的能力
- 提高计算机运用水平
- 提高对传统文化的自信心

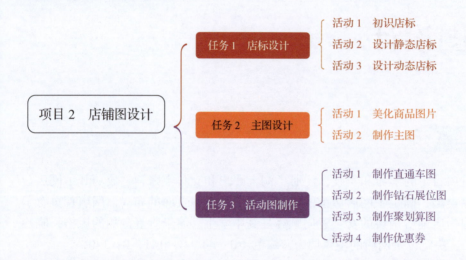

任务 1　店标设计

情境设计

晓玲经过老师的指点，认识到店标是淘宝店铺的标志，是店铺形象和文化的最直接表现。开设店铺前，要先准备好店标。为了使店铺更吸引买家眼球，晓玲决定设计店标。

任务分解

老师指点晓玲，可以先学习参考其他网店的店标，再根据自己网店的店名和主营商品、目标人群的喜好来进行设计。晓玲和她的团队经过讨论确定了完成任务的步骤：对店标进行分类、设计静态店标、设计动态店标。

活动 1　初识店标

由于晓玲没有设计店标的经验，所以她先了解什么是店标，学习店标的表现形式、设计原则和设计技巧，为店标的设计做准备。

活动实施

1. 什么是店标

店标是淘宝店铺的标志,也可以称为 Logo,一个制作精美的店标能够传达店铺的经营理念,突出店铺的经营风格,彰显店铺的形象,店标效果如图 2.1.1 所示。

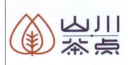   

图 2.1.1

店标在淘宝店铺中以两种形态显示:静态图像和动态图像。

店标通常由店铺名称、商品图片、宣传文字等组合而成。

淘宝规定,店标的尺寸宽度为 100 像素,高度为 100 像素,仅支持 GIF 和 JPG 两种图片格式,图片大小建议限制在 80 kB 以内。

2. 店标表现形式

店标的表现形式,主要有文字、图片、组合共 3 种形式。

(1)文字。用文字或者拼音字母等形式表现店标,如图 2.1.2 所示。

(2)图案。用图形的方式来表示店标,可以选择形象生动、色彩明快的图案,这样选择的图案可以极易识别的,如图 2.1.3 所示。

(3)组合。把文字和图案组合在一起,这种结合了文字和图案的优点,既形象又容易识别,如图 2.1.4 所示。

图 2.1.2　　　　　　图 2.1.3　　　　　　图 2.1.4

3. 店标设计原则

(1)构图有创意。构图不能和其他店铺的一样,要新颖、富有个性化。

(2)店标含义有内涵。能体现店铺个性特征、独特品质以及精神风貌。

(3)店标一旦确定,最好轻易不要改动。

(4)设计符合法律法规,注重国际化。

4. 店标设计技巧

(1)店标设计的时候一定要有识别性,让别人一看到就能识别出你的店铺。店标还要展示店铺的独特性,标志要传递关键要素。

(2)店标要保证统一性,要和网店的理念、文化、经营内容和特点统一,才能获得一致的认可。

(3)店标具有延伸性,可以运用最广泛和频率最高的要素来表达,也可以采用对应性、延展性的变体设计,切合最适宜的效果表现。

（4）店标设计要有造型，不管是什么组合形式，一定要保证优质的造型，这样能在买家心中留下很好的形象。

活动评价

晓玲通过学习，理解了店标的表现形式和设计原则，掌握了店标设计技巧，为接下来设计店标打下理论基础。

活动2 设计静态店标

活动背景

网店经营女装，店名为"拾光"。晓玲经过思考和设计，决定店标采用文字和图案的组合形式。店标中简单明了地写出"拾光"店名，以小花的图案表达花样年华，代表对"美"的追求。图标以蓝绿色为底色，代表一种甜美、温柔的女性特质，也和店铺色调相呼应，制作效果如图2.1.5所示。

图 2.1.5

活动实施

步骤1：新建文件，颜色模式为RGB颜色，分辨率为72像素/英寸，背景内容为透明，尺寸宽为100像素、高为100像素。

步骤2：选择"椭圆选框工具"，设置样式为"固定大小"，宽度为98像素，高度为98像素。绘制圆形，填充为蓝绿色（R：44，G：141，B：140）。

设计静态
店标

步骤3：选择"钢笔工具"，绘制路径，如图2.1.6所示。

图 2.1.6

图 2.1.7

图 2.1.8

图 2.1.9

步骤4：新建组1，在组1中新建图层1。选择路径，按"Ctrl+Enter"快捷键，将路径转为选区，填充为白色（R：255，G：255，B：255）。

步骤5：选择"钢笔工具"，绘制两个路径，分别如图2.1.7、图2.1.8所示。

步骤6：在组1中分别新建图层2、图层3，分别按"Ctrl+Enter"快捷键，将路径转为选区，分别填充为白色（R：255，G：255，B：255），效果如图2.1.9所示。

步骤7：选择组1，按"Ctrl+J"快捷键复制组1成为组1副本，选择组1副本，按"Ctrl+T"快捷键，调整中心点，如图2.1.10所示。设置旋转角度为60°，按方向键，向右移动2次，向下移动2次，按"Enter"键确定。

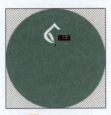
图 2.1.10

图 2.1.11

图 2.1.12

步骤8：复制组1两次，分别旋转120°、180°，并按方向键，向右移动2次，向下移动2次，按"Enter"键确定。

步骤9：复制组 1 两次，分别旋转 –60°、–120°，并按方向键，向左移动 2 次，向下移动 2 次，按"Enter"键确定。经过多次复制组、旋转和调整位置后，效果如图 2.1.11 所示。

步骤10：选择"横排文字工具"，字体为字语文跃体，字号为40点，字体颜色为白色（R：255，G：255，B：255），输入店铺名"拾光"，保存图片，最终效果如图2.1.12所示。

◎温馨提示◎

店标设计要优美均衡，需要对线条、形状、大小进行美学塑造。在使用钢笔工具绘制弧线时，我们要精益求精，要多次尝试、修改，以确保弧线流畅。

活动评价

晓玲通过学习，根据店标的设计原则和设计技巧，设计、制作了静态店标。

综合案例

综合案例：
制作静态店标

案例名称：文创产品店铺装修——制作静态店标。

案例背景：黄巧团队已完成店铺开设的所有工作，接下来，在商品上架销售之前，她们要对店铺进行装修，首先要做的是给店铺设计一个店标。

实训目的：掌握撰写店标设计理念和制作静态店标。

实训要求：挖掘文创产品的文化内涵，根据网店名称"艺·尚"结合店铺销售产品的内涵，创意设计静态店标，并写出设计理念。效果如图2.1.13 所示。

图 2.1.13

活动 3　设计动态店标

活动背景

图 2.1.14

店标的作用在于展示店铺名称、风格和售卖的商品类目。晓玲设计完静态店标，还打算制作动态店标，以达到更好的效果，如图 2.1.14 所示。考虑到店标尺寸较小，决定设计简单的动画效果。

活动实施

步骤1：新建文件，颜色模式为RGB颜色，分辨率为72像素／英寸，背景内容为透明，尺寸宽度为100像素、高度为100像素。

步骤2：设置前景色为黄色（R：255，G：232，B：186），选择"矩形选框工具"，设置样式为"固定大小"，宽度为72像素，高度为100像素，新建图层，绘制矩形选区。

步骤3：选择"渐变工具"，在"渐变编辑器"中设置为从"前景色到透明渐变"，选择"对称渐变"，为矩形选区填充渐变色，效果如图2.1.15所示。

设计动态店标

图 2.1.15

图 2.1.16

图 2.1.17

步骤4：置入素材"练习素材/项目2/拾光静态logo.png"。

步骤5：选择"移动工具"，将矩形选区拖到Logo文件处，按"Ctrl+T"快捷键，调整大小，适当旋转，如图2.1.16所示，按"Enter"键确定。

步骤6：按住"Alt"键，在图层0和图层1之间单击，创建剪贴蒙版。

步骤7：选择"窗口"→"时间轴"，单击第1帧，移动图层1中的矩形选框到左上角，效果如图2.1.17所示。

步骤8：在"时间轴"上单击"复制所选帧"，单击第2帧，移动图层1中的矩形选框到右下角，效果如图2.1.18所示。

图 2.1.18

图 2.1.19

步骤9：在"时间轴"上单击第1帧，选择"过渡动画帧"，设置要添加的帧数为"20"，单击"确定"按钮。

步骤10：选择"文件"→"存储为Web所用格式"，选择格式为"GIF"，单击"存储"，输入文件名，选择格式为"仅限图像"，单击"保存"按钮，最终效果如图2.1.19所示。

活动评价

晓玲通过学习，根据店标的设计原则和设计技巧，在静态店标的基础上，设计、制作了动态店标。

综合案例

案例名称：文创产品店铺装修——制作动态店标。

案例背景：黄巧团队已完成静态店标的设计与制作，为了达到更好吸引买家的效果，经过商讨，她们决定在静态店标的基础上设计一个动态店标。

实训目的：掌握动态店标的设计与制作。

实训要求：

① 在静态店标的基础上，创意设计动态店标。

② 打开素材"综合案例素材/项目2/艺尚静态logo.psd"，根据效果图设计文创产品网店的动态店标，效果如图2.1.20所示。

综合实例：
制作动态店标

图 2.1.20

任务 2　主图设计

情境设计

晓玲拍摄了一批商品图片，打算在商品拍摄原图的基础上制作商品主图。买家对商品的第一印象是商品主图，主图要清晰展示商品，与商品不能有太大色差。

任务分解

为了完成商品主图的设计，晓玲和她的团队先了解淘宝商品图片的尺寸规定，然后收集一些其他服装天猫店、淘宝店的主图作为范例参考。他们发现，其他店铺的商品主图色彩明亮、非常清晰，有些是纯白底的商品主图，有些是模特图做主图，并附有价格或卖点标签。晓玲和她的团队讨论确定了完成任务的步骤：美化商品图片、制作主图。

活动 1　美化商品图片

活动背景

因为拍摄出来的商品图片存在不够明亮、有瑕疵、背景有杂物等问题，所以，晓玲要调节商品图片的亮度和色差，并抠出商品图。拍摄的原图与美化后的效果图，案例1效果如图2.2.1、案例2效果如图2.2.2、案例3效果如图2.2.3所示。

图 2.2.1

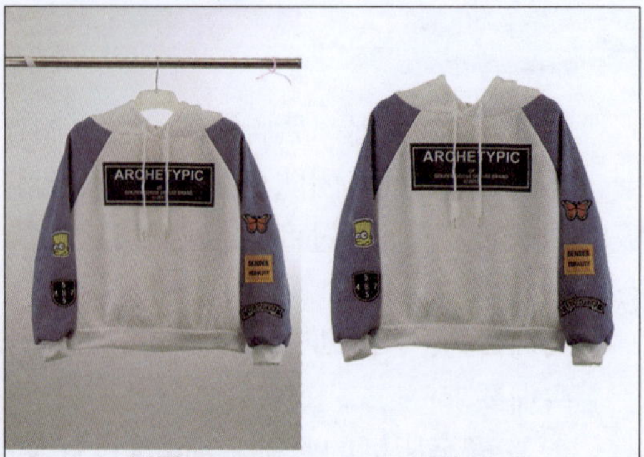

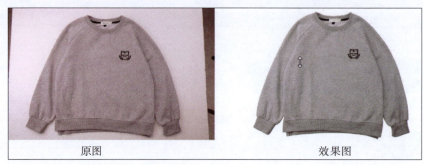

图 2.2.2

原图 　　　　　　　　 效果图

图 2.2.3

活动实施

案例 1 　调整曲线

步骤 1：打开素材"练习素材 / 项目 2/ 模特图 1.jpg"，选择"污点修复画笔工具"修复模特脸部瑕疵；

步骤 2：选择"钢笔工具"，抠选出模特脸部和脖子的皮肤，如图 2.2.4 所示。

图 2.2.4

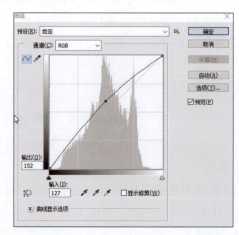

图 2.2.5

步骤3：按"Ctrl+Enter"快捷键，将路径变选区，按"Ctrl+M"快捷键，调整曲线，如图2.2.5所示。

步骤4：同理，选择"钢笔工具"，抠选出模特脖子的其他部位、耳朵、手和腿的皮肤，调整曲线。

调整曲线

图 2.2.6　　　　　　　　　图 2.2.7

步骤5：选择"多边形套索工具"，绘制选区，如图2.2.6所示。新建图层，为选区填充白色（R：255，G：255，B：255），最终效果如图2.2.7所示。

◎知识窗◎

（1）图像产生偏色现象的原因之一是图像中黑白场定标不正确。黑场就是图像中最暗的点，白场就是图像中最亮的点。正确设置黑白场后，图像往往会产生让人眼前一亮的阶调层次变化，轻度的色偏也可以被校正。

（2）色阶对话框右边有3只吸管，分别为"在图像中取样以设置黑场""在图像中取样以设置灰场"和"在图像中取样以设置白场"工具。使用它们可以在图像中自定义黑白场，重新定义最暗颜色、最亮颜色以及中间调。色阶命令将根据这些设置重新设置图像的色调。

（3）在图像菜单中的调整项目中有多种图像色彩、色调调整选项，适合不同场合使用。

● 色阶，快捷键"Ctrl+L"，调整图像的明暗度。

● 亮度／对比度，快捷键"Ctrl+C"，对图像的色调范围进行调整。

● 色相/饱和度，快捷键"Ctrl+U"，主要调整整个图像或图像中单个颜色成分的色相、饱和度与亮度。

● 曲线，快捷键"Ctrl+M"，不但可以调整图像的亮度，还可以调整图像的对比度和控制色彩等。

● 色彩平衡，快捷键"Ctrl+B"，调整图像的整体色彩平衡。

（4）在色差调整中主要是调整色调、色相、饱和度和对比度。

● 色调是指在各种图像色彩模式下图形原色（如 RGB 等）的明暗度，即亮度。色调也称色阶，其范围一般为 0~255，共计 256 种色调。

● 色相是指组成色彩的颜色。比如，光由红、橙、黄、绿、青、蓝、紫七色组成，每一种颜色就是一种色相。

● 饱和度是指图像颜色的彩度。饱和度是以百分比来计算的，当饱和度变为 0% 时，图像就成了灰色图像。

● 对比度是指不同颜色之间的差异程度。对比度越大，两种颜色之间的反差越大，尤其是黑白两色差异最为明显。

案例 2　抠图

步骤 1：打开素材"练习素材 / 项目 2/ 衣服原图 1.jpg"。

步骤 2：使用"钢笔工具"抠选商品主体。

步骤 3：调整"曲线"，提高商品亮度。

步骤 4：添加白色（R: 255, G: 255, B: 255）背景，最终效果如图 2.2.8 所示。

抠图

原图　　　　　　　　　　效果图

图 2.2.8

案例 3　调整色彩平衡

步骤 1：打开素材"练习素材 / 项目 2/ 衣服原图 2.jpg"。

步骤 2：新建"色彩平衡"调整图层，调整商品图片色差。

步骤 3：新建"曲线"调整图层，调整曲线，提高商品亮度。

步骤 4：运用"钢笔工具"抠选商品主体。

步骤 5：添加白色（R: 255, G: 255, B: 255）背景，最终效果如图 2.2.9 所示。

调整色彩平衡

原图　　　　　　　　　　　　　　效果图

图 2.2.9

活动评价

晓玲通过学习,掌握了调整亮度、调整色彩和抠图的技巧,对商品图片逐一进行美化。

综合案例

案例名称: 文创产品店铺装修——美化商品图片。

案例背景: 黄巧团队已完成店标的设计与制作 , 接下来的任务是文创产品的图片拍摄,并对图片进行美化。

实训目的: 掌握商品拍摄和图片美化技巧。

实训要求:

①以小组为单位,为"文创抱枕"产品拍摄商品图片,要求恰当布光,拍摄出商品的质感,对拍摄后的商品图片进行美化。

②打开素材"综合案例素材 / 项目2/ 文创抱枕 .jpg",对商品图片进行美化,包括抠图、调整亮度、处理瑕疵、调整大小等,效果如图 2.2.10 所示。

综合案例:
美化商品图片

原图　　　　　　　　　　　　　　效果图

图 2.2.10

活动 2 制作主图

活动背景

晓玲浏览了许多服装类网店，发现有些主图是白底图，有些是有模特出镜的生活场景图，后者更能突出商品。设计后的主图效果如图 2.2.11 所示。

原图　　　　　　　　　　效果图

图 2.2.11

活动实施

步骤 1：新建文件，颜色模式为 RGB 颜色，分辨率为 72 像素 / 英寸，宽度为 800 像素，高度为 800 像素，设置背景颜色为蓝绿色（R：45，G：167，B：168）。

制作主图

步骤 2：使用"圆角矩形工具"，绘制一个圆角矩形，填充为白色（R：255，G：255，B：255），并添加外发光效果，设置外发光颜色为深青色（R：16，G：83，B：84），设置如图 2.2.12 所示。

步骤 3：置入素材"练习素材/项目2/模特图美化图.jpg"，将模特图"创建剪贴蒙版"。

步骤 4：新建图层。使用"矩形选框工具"绘制矩形选区，填充颜色为深青色（R：14，G：90，B：91）。

步骤 5：新建图层。使用"椭圆选框工具"，绘制一个圆形选区，填充颜色为淡橙色（R：251，G：239，B：221），设置图层样式，添加描边大小为"3"像素、颜色为淡橙色（R：232，G：203，B：160）、位置为"内部"；内阴影为"叠加"，颜色为黑色（R：0，G：0，B：0），角度"90"度；渐变叠加颜色设置如图 2.2.13 所示。

步骤 6：在矩形中输入文字"学院风圆领徽章加厚卫衣"，设置字体为微软雅黑，大小为 43 点。

步骤 7：在椭圆上输入文字"到手价￥299，每个 ID 限 1 件"，数字字体为 Arial，大小为 72 点。

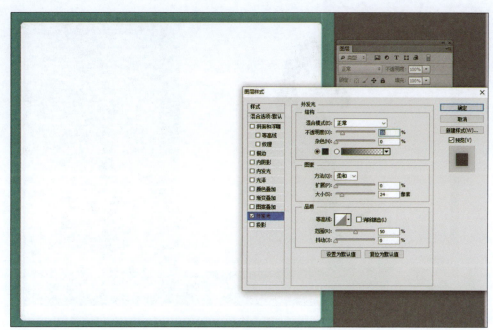

图 2.2.12

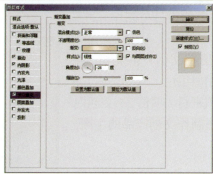

图 2.2.13

步骤 8：置入素材"练习素材 / 项目 2/ 拾光静态 logo.png"。

步骤 9：使用"圆角矩形工具"，绘制一个圆角矩形，填充颜色为淡黄色（R：251，G：239，B：221），并复制步骤 5 的图层样式，输入英文"NEW ARRIVED"，绘制箭头图形，保存为 JPG 格式，效果如图 2.2.14 所示。

图 2.2.14

活动评价

晓玲通过学习，结合所学 Photoshop 软件调整色彩技巧等知识点，对商品的拍摄原图进行了色差调整、裁剪、添加背景等步骤，设计并完成了商品主图的制作。

综合案例

综合案例：
制作主图

案例名称：文创产品店铺装修——制作主图。

案例背景：黄巧团队已完成文创产品的拍摄和图片美化。现在，她们要开始主图的制作。

实训目的：掌握商品主图的设计与制作。

实训要求：

①发挥主观能动性，根据文创产品特点、公司促销活动计划设计并制作主图。

②打开素材"综合案例素材/项目2/文创抱枕美化图.jpg"，根据效果图制作文创产品的主图，如图 2.2.15 所示。

图 2.2.15

任务 3   活动图制作

情境设计

　　一家淘宝新店在前期需要不断地推广自己的店铺，为店铺引入大量的流量，最好能够做到快速打破零销售的局面。常见的淘宝活动有直通车、钻石展位、聚划算和优惠券。晓玲决定先了解这 4 种活动的规则，并学习制作相关活动图。

任务分解

　　4 种活动需要的活动图形状尺寸不一样，设计制作时需要注意的地方也不一样。晓玲根据活动的需要，分别制作直通车图、钻石展位图、聚划算图和优惠券。

活动 1　　制作直通车图

活动背景

　　淘宝直通车是淘宝网为淘宝卖家量身定制的推广工具，是通过关键词竞价，按照点击付费，为卖家实现宝贝的精准推广。晓玲想通过直通车推广宝贝，她首先到淘宝店铺后台，查阅了直通车的上传规则，了解到直通车尺寸是从宽度为 320 像素、高度为 320 像素到宽度为 800 像素、高度为 800 像素（可以有放大功能）的正方形，有促销文字和创意的图片是提高直通车质量得分的有利法宝。直通车原图与设计后的直通车效果如图 2.3.1 所示。

原图　　　　　　　　　　　　效果图

图 2.3.1

活动实施

步骤 1: 新建文件, 颜色模式为 RGB 颜色, 分辨率为 72 像素 / 英寸, 宽度为 800 像素, 高度为 800 像素, 设置背景颜色为蓝绿色(R: 45, G: 167, B: 168)。

制作直通车图

步骤 2: 新建图层, 使用"钢笔工具", 勾画出"猫耳朵"形状并填充为白色(R: 255, G: 255, B: 255), 设置图层样式, 添加描边, 参数如图 2.3.2 所示。

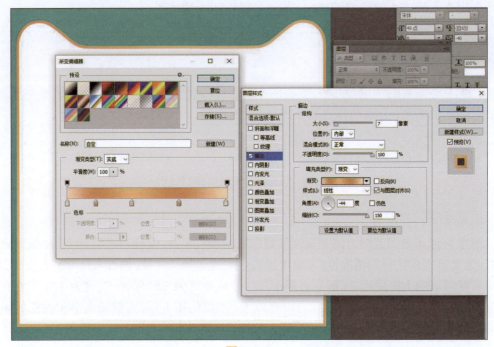

图 2.3.2

步骤 3: 置入素材"练习素材 / 项目 2/ 模特图 2.jpg", 将模特图"创建剪贴蒙版"。

步骤 4: 新建图层。使用"矩形选框工具"绘制矩形选区, 填充颜色为深青色(R: 14, G: 90, B: 91)。

步骤 5: 新建图层。使用"圆角矩形工具", 绘制一个圆角矩形, 填充颜色为深青色(R: 45, G: 106, B: 106), 设置图层样式, 添加描边大小为"2"像素、颜色为橙色(R: 236, G: 202, B: 161)、位置为"内部"。添加文字"活动时间: 2021.5.20—5.31", 字体颜色为淡橙色(R: 248, G: 228, B: 207), 大小为 18 点, 字体为微软雅黑, 效果如图 2.3.3 所示。

步骤 7: 新建图层, 使用"钢笔工具", 绘制大弧形, 填充颜色为淡黄色(R: 239, G: 194, B: 153), 设置图层样式, 添加渐变叠加、投影效果, 并添加文字, 效果如图 2.3.4 所示。

步骤 8: 新建图层, 使用"椭圆工具", 绘制一个椭圆, 填充颜色为蓝色(R: 45, G: 167, B: 168)。

步骤 9: 新建图层, 使用"钢笔工具", 绘制一个半圆, 填充颜色为蓝绿色(R: 35, G: 142, B: 143), 创建剪贴蒙版到圆角矩形图层, 效果如图 2.3.5 所示。

图 2.3.3

图 2.3.4

图 2.3.5

步骤10：新建图层，使用"圆角矩形工具"，绘制一个圆角矩形，填充从黄色（R：251，G：212，B：162）、到淡黄色（R：255，G：243，B：227）、再到黄色（R：251，G：212，B：162）的渐变色。添加投影图层样式，输入文字"满减 大行动"，字体为微软雅黑，大小为65点，置入素材"练习素材/项目2 /logo.png"，效果如图2.3.6所示。

图 2.3.6

步骤 11：在直通车图顶部输入文字"现在预订享折上折"，字体为字语文跃体，颜色为白色（R：255，G：255，B：255），大小为 49 点，保存为 JPG 格式，最终效果如图 2.3.7 所示。

图 2.3.7

活动评价

晓玲通过学习,考虑直通车图尺寸、店标、优惠活动等信息,顺利设计和制作出直通车图。

综合案例 🛒

案例名称: 文创产品店铺装修——制作直通车图。

案例背景: 黄巧团队为了更好地推广店铺,增加商品点击量,提高商品销售额,她们计划参加淘宝的推广活动。首先,她们想尝试通过直通车进行推广,现需要制作一张直通车活动图。

实训目的: 掌握文创产品店铺直通车图的创意设计与制作。

实训要求:

①根据商品优惠活动,创意制作文创产品的直通车图。

②打开素材"综合案例素材/ 项目2/ 文创抱枕美化图.jpg",根据效果图制作文创产品的直通车图,效果如图2.3.8 所示。

综合案例:
制作直通车图

图 2.3.8

活动 2　制作钻石展位图

活动背景

晓玲在校企合作工作室学习时发现企业运用钻石展位很好地吸引了买家点击,获取了巨大流量。钻石展位是淘宝网图片类广告位竞价投放平台,是为淘宝卖家提供的一种营销工具。钻石展位最终效果如图 2.3.9 所示。

原图   效果图

图 2.3.9

活动实施

步骤1：新建文件，颜色模式为RGB颜色，分辨率为100像素/英寸，宽度为640像素，高度为200像素，设置背景颜色为白色（R：255，G：255，B：255）。

步骤2：置入素材"练习素材/项目 2/模特图美化图.jpg"，通过"Ctrl+T"快捷键调整图层大小。添加图层蒙版，使用柔角画笔处理涂抹人物以外内容，效果如图2.3.10所示。

制作钻石
展位图

图 2.3.10

步骤3：新建图层，使用"矩形选框工具"绘制宽度为 289 像素、高度为 97 像素的矩形选区，填充为蓝绿色（R：16，G：123，B：122）。使用"多边形套索工具"选取右上角部分内容，按"Delete"键删除。

步骤4：新建图层，使用"矩形选框工具"绘制宽度为 297 像素、高度为 26 像素的矩形选区，填充为白色（R：255，G：255，B：255）。添加斜面和浮雕、投影和渐变叠加图层样式，渐变叠加颜色为橙色（R：239，G：194，B：153），淡黄色（R：251，G：245，B：223），橙色（R：239，G：194，B：153）），设置如图 2.3.11 所示。

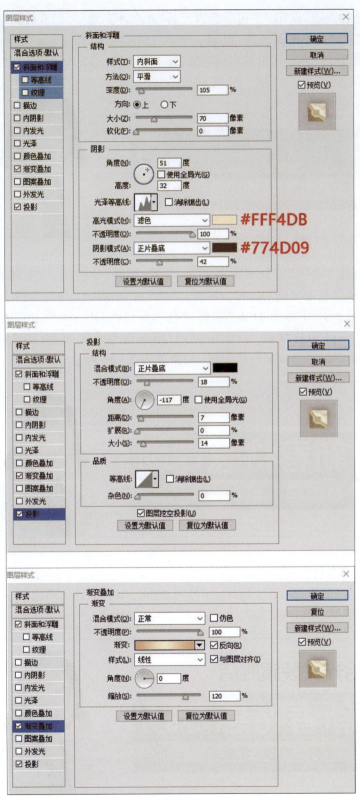

图 2.3.11

步骤 5：新建图层，使用"多边形套索工具"绘制小三角形，填充为褐色（R：116，G：81，B：40），移动到矩形左侧边缘。复制一个小三角形图层，通过"编辑"→"变换"→"水平翻转"将图形翻转，移动到矩形右侧边缘，效果如图 2.3.12 所示。

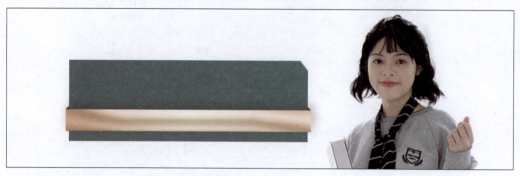

图 2.3.12

步骤 6：新建 3 个图层，分别输入文字"纯棉·加厚·学院风"，字体为微软雅黑，字号为 13 点，字体颜色为绿色（R：12，G：86，B：85）；文字"¥299"，字体为黑体，"¥"字号为 10.35 点，"299"字号为 21 点，字体颜色为深红色（R：180，G：0，B：0）；文字"新春特惠专场"，字体微软雅黑，字号为 32 点，字体颜色为浅黄色（R：253，G：250，B：206）。将 3 个文字图层摆放到合适位置，效果如图 2.3.13 所示。

图 2.3.13

步骤 7：置入素材"练习素材/项目 2/拾光静态 logo.png"，新建图层，输入文字"拾光女装旗舰店"，字体为字语文跃体，字号为 20 点，字体颜色为黑色（R：13，G：13，B：13），将文字图层摆放到合适位置，效果如图 2.3.14 所示。

图 2.3.14

◎**知识窗**◎

> 主题：主题要突出，主打品牌定位或促销信息。
> 文字信息：字体和颜色尽量不要超过 3 种；注意文字修饰，达到文字图片化效果；信息表达明确；文字创意与图片相结合。
> 色彩搭配：创意主色不要超过 3 种。
> 排版布局：黄金分割和适当留白。

活动评价

晓玲通过学习，考虑钻石展位图尺寸、店铺名、优惠活动等信息，顺利设计和制作出钻石展位图。

综合案例

案例名称： 文创产品店铺装修——制作钻石展位图。

案例背景： 黄巧团队尝试了直通车推广后，获得很好的效果，商品的点击量和销售额都大幅增加。接下来，她们计划开通钻石展位精准定向目标人群，为店铺引流，现需要制作一张钻石展位图。

实训目的： 掌握文创产品店铺钻石展位图的创意设计与制作。

实训要求：

①根据店铺优惠活动，创意制作文创产品的钻石展位图。

②打开"综合案例素材／项目 2"中的素材"文创抱枕美化图 .jpg""文创抱枕美化图 1.j pg"，根据效果图制作文创产品的钻石展位图，效果如图 2.3.15 所示。

综合案例：制作钻石展位图

图 2.3.15

活动3   制作聚划算图

活动背景

淘宝聚划算是阿里巴巴集团旗下的团购网站,聚划算是淘宝网的二级域名,该二级域名正式启用时间是2010年9月。聚划算已经成为展现淘宝卖家服务的互联网消费者首选团购平台。晓玲决定报名参加聚划算活动。商品原图和设计美化后的聚划算效果如图2.3.16所示。

原图   效果图

图 2.3.16

活动实施

步骤1:新建文件,颜色模式为RGB颜色,分辨率为72像素/英寸,宽度为800像素,高度为800像素,设置背景颜色为白色(R: 255, G: 255, B: 255)。

步骤2:新建图层,填充为墨绿色(R: 56, G: 88, B: 67)。并为该图层添加"描边"图层样式,描边颜色设置为蓝绿色(R: 45, G: 167, B: 168),大小为"16像素",位置为"内部"。效果如图2.3.17所示。

制作聚划算图

步骤3:置入素材"练习素材/项目2/模特图美化图.jpg",调整图片合适位置和大小,为图层"创建剪贴蒙版"。

步骤4:新建图层,在左上角使用"钢笔工具",建立一个半弧形选区,填充为墨绿色(R: 56, G: 88, B: 67)。添加"渐变叠加"图层样式,渐变颜色设置为两端淡橙色(R: 239, G: 194, B: 153),中间淡黄色(R: 251, G: 245, B: 223),并为该图层添加"投影"效果。效果如图2.3.18所示。

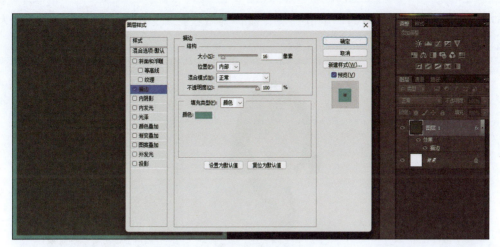

图 2.3.17

图 2.3.18

步骤 5：在半弧形中输入文字"聚划算"，设置字体为字语文跃体，字号为 58 点，颜色为红色（R：203，G：3，B：14）。

步骤 6：置入素材"练习素材 / 项目 2/ 拾光静态 logo.png"并将其放置右上角，效果如图 2.3.19 所示。

步骤 7：新建图层，使用"钢笔工具"，建立一个半弧形选区，填充为墨绿色（R：56，G：88，B：67）。复制"图层 3"的图层样式并粘贴到该图层上，调整其图层位置，为图层"创建剪贴蒙版"。输入文字"活动时间：2021.10.10—10.31"，字体为微软雅黑，字号为 25 点，字体颜色为红色（R：203，G：3，B：14）。

步骤 8：新建图层，使用"钢笔工具"，建立一个半弧形选区，填充为蓝绿色（R：45，G：

167, B: 168），输入文字"时尚围巾一条"，字体为微软雅黑，字号为40点，字体颜色为白色（R: 247, G: 247, B: 245）。

图 2.3.19

步骤9：新建图层，使用"圆角矩形工具"，绘制一个圆角矩形，填充为墨绿色（R: 56, G: 88, B: 67），复制"图层3"的图层样式并粘贴到该图层上。输入文字"送精美礼品"，字体为微软雅黑，字号为24点，字体颜色为深蓝色（R: 4, G: 77, B: 76），效果如图 2.3.20所示。

图 2.3.20

步骤 10：新建图层，使用"椭圆选框工具"，绘制一个椭圆形选区，填充为墨绿色（R: 56, G: 88, B: 67），复制"图层3"的图层样式并粘贴到该图层上。输入文字"¥299"，字体为微软雅黑，输入"¥"，字号为 24 点，输入"299"，字号为 64 点，字体颜色为红色（R:

203，G：3，B：14），效果如图 2.3.21 所示。

图 2.3.21

步骤 11：新建图层，使用"矩形选框工具"绘制矩形选区，填充为蓝绿色（R：45，G：167，B：168）。

步骤 12：输入文字"99 聚划算 百亿补贴"，字体为微软雅黑，字体样式为 Bold，字号为 70 点，设置为"仿斜体"样式；设置"99"的字体颜色为黄色（R：255，G：252，B：0），设置"聚划算 百亿补贴"的字体颜色为淡黄色（R：254，G：248，B：235），并添加"投影"效果，效果如图 2.3.22 所示。

图 2.3.22

步骤13：最后输入文字"学院风 圆领徽章加厚卫衣"，字体为微软雅黑，颜色为蓝绿色（R：18，G：111，B：110），"学院风"的字号为50点，字体样式为Bold，"圆领徽章加厚卫衣"的字号为36点，最终效果如图2.3.23所示。

图 2.3.23

活动评价

晓玲通过学习并参考其他店铺的活动图，结合自己店铺商品的特色设计并制作了聚划算图。通过这些营销活动，店铺的浏览量得到提升。

综合案例

案例名称：文创产品店铺装修——制作聚划算图。

案例背景：黄巧团队通过前期的推广，确定了一款热卖商品，她们计划参加聚划算活动打造商品爆款，现需要制作一张聚划算图。

实训目的：掌握文创产品店铺聚划算图的创意设计与制作。

实训要求：

①参加聚划算活动打造商品爆款，创意制作文创产品的聚划算图。

②打开素材"综合案例素材／项目2/文创抱枕美化图.jpg"，根据效果图制作文创产品的聚划算图，效果如图2.3.24所示。

综合案例：
制作聚划算图

图 2.3.24

活动 4　制作优惠券

活动背景

晓玲发现身边的好友都喜欢在淘宝网抢优惠券。优惠券一般位于首页,一张完整的优惠券除了优惠面额,还需要注意优惠券的设计要点,如使用范围、使用条件、有效时间、张数、发行店铺等信息。晓玲制订了店铺的促销方案,拟制作 3 款优惠券,优惠券案例 1 效果如图 2.3.25、案例 2 效果如图 2.3.26、案例 3 效果如图 2.3.27 所示。

图 2.3.25

图 2.3.26

图 2.3.27

活动实施

案例 1　满减优惠券（见图 2.3.28）

制作满减
优惠券

图 2.3.28

步骤 1:新建文件,颜色模式为 RGB 颜色,分辨率为 72 像素 / 英寸,宽度为 500 像素,高度为 200 像素,填充底色为白色(R: 255, G: 255, B: 255)。

步骤 2:新建图层,使用“圆角矩形工具”绘制圆角矩形,按“Ctrl+Enter”快捷键,将路径转换成选区,填充颜色为蓝绿色(R: 45, G: 166, B: 167)。使用“椭圆选框工具”分别在两侧绘制圆形选区,按“Delete”键删除,效果如图 2.3.29 所示。

图 2.3.29

步骤 3:创建新组,添加图层蒙版。选择圆角矩形图层载入选区,选择图层组蒙版,填充为黑色(R: 0, G: 0, B: 0)。

步骤 4:在图层组中新建图层,使用“矩形选框工具”绘制宽度为 12 像素、高度为

500 像素的矩形选区, 填充为白色 (R: 255, G: 255, B: 255)。按"Ctrl+T"快捷键旋转矩形角度 30 度, 复制矩形, 按"Ctrl+T"快捷键将矩形调整合适的间距, 按"Ctrl+Alt+Shift+T"快捷键复制多个矩形, 按"Ctrl+E"快捷键合并所有矩形选区图层, 调整图层不透明度为10%, 效果如图 2.3.30 所示。

图 2.3.30

步骤 5: 在图层组中新建图层, 使用"矩形选框工具"绘制宽为 150 像素、高为 35 像素的矩形选区, 填充为白色 (R: 255, G: 255, B: 255)。按"Ctrl+T"快捷键将矩形旋转 −45°, 拖动到上角合适位置。添加投影和渐变叠加图层样式, 渐变叠加颜色 (橙色 (R: 239, G: 194, B: 153), 淡黄色 (R: 251, G: 245, B: 223), 橙色 (R: 239, G: 194, B: 153)), 如图 2.3.31 所示。

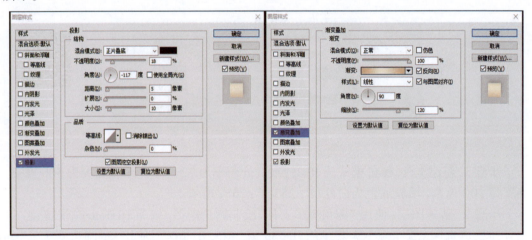

图 2.3.31

步骤 6: 在图层组中新建图层, 使用"横排文字工具"输入文字"优惠券", 颜色设置为红色 (R: 217, G: 48, B: 25), 字体为微软雅黑, 字号为 18 点, 旋转 −45° 并拖动到左上角合适位置, 效果如图 2.3.32 所示。

图 2.3.32

步骤 7: 新建 3 个图层, 分别输入文字 "￥"(字体为微软雅黑, 字号为 30 点, 字体颜色为白色(R: 255, G: 255, B: 255), 加粗)、"50"(字体为 Arial, 字体样式为 Bold, 字号为 110 点, 字体颜色为白色(R: 255, G: 255, B: 255), 投影图层样式)、"满 300 减 50"(字体为微软雅黑, 字号为 24 点, 字体颜色为白色(R: 255, G: 255, B: 255)), 将 3 个文字图层摆放到合适位置, 效果如图 2.3.33 所示。

图 2.3.33

步骤 8: 新建图层, 使用 "椭圆选框工具" 绘制长度为 88 像素、宽度为 88 像素的圆形, 填充为白色(R: 255, G: 255, B: 255), 添加投影和渐变叠加图层样式, 具体参数参考步骤 5。

步骤 9: 新建图层, 输入文字 "自动满减", 字体为微软雅黑, 字号为 23 点, 字体颜色为红色(R: 219, G: 52, B: 27), 添加投影图层样式。

步骤 10: 新建图层, 输入一串文字 "–", 字体为微软雅黑, 字号为 26 点, 字体颜色为淡青色(R: 160, G: 206, B: 206), 效果如图 2.3.34 所示。

图 2.3.34

案例 2　专项优惠券(见图 2.3.35)

图 2.3.35

制作专项优惠券

步骤 1: 新建 RGB 文件, 分辨率为 72 像素/英寸、尺寸宽度为 720 像素、高度为 200 像素。填充底色为白色(R: 255, G: 255, B: 255)。

步骤 2: 绘制圆角矩形, 填充为蓝绿色(R: 45, G: 167, B: 168)。

步骤 3：绘制圆角矩形，填充为白色（R：255，G：255，B：255），删除左侧部分，添加锯齿状效果，添加图层投影。

步骤 4：输入文字"80""元"。设置字体、大小、颜色，调整其位置。

步骤 5：输入文字"新春专享 限量领券"。设置字体、大小、颜色，调整其位置，添加投影和渐变叠加图层样式。

步骤 6：输入文字"2021.12.20–2021.12.25"。设置字体、大小、颜色，调整其位置。

案例 3 无门槛优惠券（见图 2.3.36）

步骤 1：新建 RGB 文件，分辨率为 72 像素 / 英寸、尺寸宽度为 218 像素、高度为 255 像素。填充底色为白色（R：255，G：255，B：255）。

步骤 2：绘制圆角矩形，填充为蓝绿色（R：45，G：167，B：168）。

步骤 3：绘制矩形，填充为白色（R：255，G：255，B：255），添加图层投影。

步骤 4：绘制圆角矩形，填充为青色（R：19，G：124，B：125）。

图 2.3.36

步骤 5：输入文字"10""RMB""无门槛优惠券"，设置字体、大小、颜色，调整其位置。

步骤 6：输入文字"COUPON"，设置字体、大小、颜色，调整其位置。文字两边添加线条。

步骤 7：绘制圆角矩形，添加投影和渐变叠加图层样式。

步骤 8：输入文字"点击领取"。设置字体、大小、颜色，调整其位置。

制作无门槛优惠券

活动评价

晓玲通过学习参考其他店铺的优惠券，结合自己店铺商品的特色和优惠活动，设计并制作了优惠券。通过这些营销活动，店铺的浏览量得到提升。

综合案例

案例名称：文创产品店铺装修——制作优惠券。

案例背景："双十一"即将到来，黄巧团队制定了一份完整的活动方案，为了配合店铺优惠活动的实施，她们准备按方案设计活动优惠券。

实训目的：熟悉优惠券的设计规格，掌握优惠券的设计与制作。

实训要求：根据店铺优惠活动设计并制作优惠券，效果如图 2.3.37—图 2.3.39 所示。

综合案例：制作优惠券

图 2.3.37

图 2.3.38

图 2.3.39

合作实训

学习了店铺图设计制作,请以小组为单位进行合理分工,通过提供的合作实训素材制作店标、主图和活动图,要求如下:

①设计静态、动态店标。

②美化商品图片。

③设计和制作主图。

④设计和制作直通车图、钻石展位图、聚划算图和优惠券。

项目总结 🛒

在设计店标、主图、活动图项目中,使用了 Photoshop 图片处理软件。在设计时,要根据店铺的定位、商品的风格种类来考虑使用什么色调、使用什么字体、选择多大的字号、什么颜色的文字、文字怎么摆放、怎么和背景搭配等一系列问题。

对于一个店铺而言,设计制作的店标、主图、活动图要注意风格是否统一,能否和谐地搭配在一起。设计时要多用减法,而不是加法。

项目检测 🛒

1. 单项选择题

(1)店标上传是在"卖家中心"→"店铺管理"的(　　　)菜单中设置。

　　A. 店铺装修　　　　　　　　B. 图片空间

　　C. 宝贝分类管理　　　　　　D. 店铺基本设置

(2)店标的尺寸最好是(　　　)。

　　A. 60 像素 ×60 像素　　　　B. 80 像素 ×80 像素

　　C. 90 像素 ×90 像素　　　　D. 100 像素 ×100 像素

(3)"Ctrl+Enter"快捷键的作用是(　　　)。

　　A. 复制图层　　　　　　　　B. 路径转化为选区

　　C. 选区转化为路径　　　　　D. 选择反向

(4)"Shift+Ctrl+I"快捷键的作用是(　　　)。

　　A. 复制图层　　　　　　　　B. 路径转化为选区

　　C. 选区转化为路径　　　　　D. 选择反向

(5)"Ctrl+L"是(　　　)的快捷键。

　　A. 色阶　　　　　　B. 曲线　　　　　　C. 色相 / 饱和度　　　　　　D. 色彩平衡

2. 多项选择题

(1)网店标志包含(　　　)。

　　A. 经营模式　　　　　B. 网店的定位　　C. 产品类型　　　D. 服务特点

(2)自然界中的颜色可分为(　　　)。

A. 非彩色　　　　　B. 彩色　　　　C. RGB　　　　D. CMYK

（3）促销区设计要点是（　　）。

A. 卖点突出　　　　B. 文字精简　　　C. 美观大方　　D. 价格实惠

（4）在编辑一个渐变色彩时，可以被编辑的部分是（　　）。

A. 前景色　　　　　B. 色彩　　　　　C. 位置　　　　D. 不透明

（5）（　　）是视觉营销的作用。

A. 提升品牌形象、提升信任度

B. 提升商品品质，增强用户的体验，提高易用性

C. 增加访问页面数

D. 增加停留时间

3. 判断题

（1）主图可以为手绘图。　　　　　　　　　　　　　　　　　（　　）

（2）主图必须为白底，可以展示反面实物图。　　　　　　　　（　　）

（3）主图应该打上店铺水印。　　　　　　　　　　　　　　　（　　）

4. 简述题

（1）主图可以包含哪些内容？

（2）主图图片的大小为多少？

🛒 项目 3
网店首页装修 ·· ⬜

项目综述

经过老师的精心指导，晓玲根据所销售女装的风格和店铺的主色调，为店铺设计了静态店标和动态店标，美化了商品图片，抠选出商品，制作了主图。她还制订了促销计划，制作了直通车等系列活动图。成功完成这些设计图后，晓玲信心倍增。

网店首页是商品详情页的流量入口，是吸引访客并使其产生点击行为的关键。网店首页不仅可以提高买家对店铺的好感度，还影响着店铺的成交量和转化率。晓玲接下来要装修网店首页，网店首页设计绝不是单纯的商品信息罗列，还需要先了解设计的注意事项。晓玲首先查阅书籍，学习店招的设计如何突显最新信息、导航条设计如何彰显店铺个性、商品推荐设计要多角度突显商品信息等知识。她还浏览各店铺，认识到在店铺首页的最上端显示的就是店招，接着是导航条。她主动向老师咨询如何设计导航条、首页海报、宝贝陈列展示区等。

项目目标

通过本项目的学习，应达到的具体目标如下：

知识目标
- 了解淘宝导航条
- 了解海报风格

能力目标
- 能在网店装修页面设置导航条
- 能制作首页海报
- 能设计和制作宝贝陈列展示区

素质目标
- 提高学生的文化自信，培养爱国情怀
- 培养劳动意识
- 培养良好的审美观和艺术欣赏能力

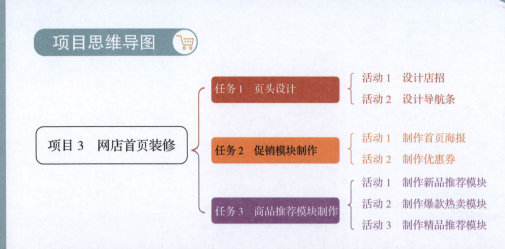

项目思维导图 🛒

项目3 网店首页装修

任务1 页头设计
活动1 设计店招
活动2 设计导航条

任务2 促销模块制作
活动1 制作首页海报
活动2 制作优惠券

任务3 商品推荐模块制作
活动1 制作新品推荐模块
活动2 制作爆款热卖模块
活动3 制作精品推荐模块

任务1 页头设计

情境设计

　　店标上传到网店后，晓玲得到了老师的表扬和肯定。老师告诉她，为了方便顾客浏览网店和快速找到想要的商品，需要设置好网店首页。

任务分解

　　晓玲找到老师，询问网店首页涉及的主要内容。老师指点晓玲，主要是把商品的分类和一些自定义页面清晰地展示在网店首页上，注意宁缺毋滥。

活动1　设计店招

活动背景

　　在设计网店首页的过程中，晓玲了解到，店招是首页中一个非常重要的部分，它起到了突显网店的名称、品牌Logo、主营商品类目的作用，能够给买家留下对店铺的第一印象，好的店招可以提升买家对网店的印象和信任度，因此，用心地设计一个店招，是相当有必要的。下面我们一起来做一下店招部分（见图3.1.1）吧。

图 3.1.1

设计店招

活动实施

步骤 1: 新建文件, 颜色模式为 RGB 颜色, 分辨率为 72 像素 / 英寸, 背景内容为白色, 尺寸宽度为 1920 像素、高度为 120 像素。

步骤 2: 置入素材 "练习素材 / 项目 3/logo.png", 将图片拖到画布靠左的位置。

步骤 3: 输入文字内容 "以衣为媒·向阳而生", 字体为字语文跃体, 字号为 35 点, 如图 3.1.2 所示。

图 3.1.2

步骤 4: 置入 "练习素材 / 项目 3" 中的素材 "优质服务 .png" "品质保证 .png" "诚信经营 .png", 将图片添加进画布中靠右的位置, 并使用文字工具, 在图标的正下方输入对应的文字。完成后保存文件, 最终效果如图 3.1.1 所示。

活动评价

通过店招的制作, 晓玲学习到了一些新知识, 了解了店招的设计内容和要点, 对店铺首页的整体设计又多了一些新的想法。

综合案例

案例名称: 文创产品店铺装修——设计店招。

案例背景: 黄巧团队之前完成了店铺店标的制作, 接下来, 为了很好地展示店铺形象, 需要根据网店名称 "艺·尚" 及店铺产品的风格设计一个合适又夺目的店招。

实训目的: 掌握文创产品店铺店招的设计与制作。

实训要求:

分析文创店的产品特点和风格, 结合本书提供的素材, 设计符合店铺经营理念的店招, 如图 3.1.3 所示。

综合案例:
设计店招

图 3.1.3

活动 2 设计导航条

活动背景

晓玲制作完店招，下一步就是设置店铺的导航条。导航条主要对商品起导航作用，卖家可以根据自己店铺的情况添加合适的导航按钮，让买家可以清楚、快速地找到自己想要购买的商品类目。导航条最终效果如图 3.1.4 所示。

图 3.1.4

活动实施

步骤 1：新建文件，颜色模式为 RGB 颜色，分辨率为 72 像素 / 英寸，填充为白色（R：255，G：255，B：255），尺寸宽度为 1920 像素、高度为 30 像素。

步骤 2：新建图层 1，填充为深绿色（R：12，G：71，B：72）。

设计导航条

步骤 3：输入文字内容"首页 全部分类 秋季系列 夏季系列"，字体为微软雅黑，字号为 14 点，字体颜色为白色（R：255，G：255，B：255），其中文字"全部分类"的字体颜色为深绿色（R：8，G：50，B：51），文字两端对齐，并调整好文字间距，如图 3.1.5 所示。

图 3.1.5

步骤 4：新建图层 2，使用"矩形选框工具"绘制宽度为 100 像素、高度为 30 像素的矩形选区，填充为浅黄色（R：250，G：240，B：218），放置在文字"全部分类"底部。

步骤 5：新建图层 3，使用"钢笔工具"，绘制小三角形，填充为深绿色（R：12，G：71，B：72），放置在文字"全部分类"旁边。完成后保存文件，最终效果如图 3.1.4 所示。

活动评价

晓玲设置好了导航条，回顾这个活动，晓玲认识到做导航条之前要先对自己店铺的商品有一个准确系统的分类。随着店铺商品的更换和增加，导航条还需及时进行更新设置。

综合案例 🛒

案例名称： 文创产品店铺装修——制作导航条。

案例背景： 导航条是买家查找商品的重要渠道，需要对店铺的商品进行合理的分类，才能方便买家快速找到自己需要的商品，接下来，黄巧团队需要为网店制作一个醒目的导航条。

实训目的： 掌握店铺导航条的制作。

综合案例：制作导航条

实训要求：根据设置导航条的步骤，结合本书提供的素材，制作文创产品店铺的导航条，效果如图3.1.6所示。

首页　　全部分类　　新品推荐

图 3.1.6

任务 2　促销模块制作

情境设计 🛒

店铺首页海报是卖家向买家展示自家店铺商品和形象的一种海报。一张好的店铺海报能够让买家更清楚你的店铺卖的是什么，近期有什么促销活动，从某种意义上讲，能够提高你的店铺浏览量，从而提高你的店铺销量。

任务分解 🛒

晓玲找到老师，询问首页海报涉及的主要内容。老师指点晓玲，大的方向就是"点线面"，具体来讲就是要考虑 5 个方面：产品、文案、背景、布局、配色，这些是一张海报的基本要素。

活动 1　制作首页海报

活动背景

海报设计是视觉传达的表现形式之一，通过版面的构成在第一时间内将人们的目光吸引住，并获得瞬间的刺激。晓玲将结合产品特点制作首页海报，效果如图 3.2.1 所示。

图 3.2.1

活动实施

步骤1：新建文件，颜色模式为RGB颜色，分辨率为72像素/英寸，背景内容为白色，尺寸宽为1 920像素、高为965像素。

步骤2：新建图层1，将图层1填充为蓝绿色（R：45，G：167，B：168）。

制作首页海报

步骤3：新建图层2，使用"矩形工具"在画布中间添加一个白色矩形（固定大小，宽度为1 370像素，高度为870像素）。

步骤4：复制图层2，置入素材"练习素材/项目3/02.jpg"，将图片通过创建剪贴蒙版嵌入到复制图层中的左侧，并调整图片大小，效果如图3.2.2所示。

图 3.2.2

步骤5：新建图层，使用"矩形工具"绘制一个宽度220像素、高度570像素的矩形，填充为蓝绿色（R：28，G：116，B：117）。将此图层放置于图层2的下方，露出一半位置。

步骤6：新建图层，使用"矩形工具"，在模特图中绘制一个白色（R：255，G：255，B：255）边框，参数如图3.2.3所示，栅格化图层，使用"矩形选框工具"选择要删去部分线段，按"Delete"键删除，效果如图3.2.4所示。

图 3.2.3

步骤7：新建图层，使用"矩形工具"绘制一个宽度为160像素、高度为200像素的白色（R：255，G：255，B：255）矩形，复制图层，将复制后的白色（R：255，G：255，B：255）矩形并排放置在上一个白色（R：255，G：255，B：255）矩形的右边，之后再用同样的方法复制图层，将第三个矩形对齐摆放在第一个矩形的下方。

步骤8：置入"练习素材/项目3"中的素材"08.jpg""09.jpg""10.jpg"，通过创建剪贴蒙版将这三张细节图嵌入到三个白色（R：255，G：255，B：255）矩形中，效果如图3.2.5所示。

步骤9：使用文字工具，将图中所示的文字输入到白色矩形空白处。

图 3.2.4

图 3.2.5

步骤 10：新建图层，在画布的左边位置绘制一个宽度为 70 像素、高度为 170 像素的矩形，置入素材"练习素材 / 项目 3/07.jpg"，通过创建剪贴蒙版嵌入矩形框，并调整图片大小，在海报的对应位置写上文字，最终效果如图 3.2.6 所示。

图 3.2.6

活动评价

在店铺中添加海报，使店铺促销信息一步了然、主题鲜明，能够有效地吸引用户的关注，提高店铺的销售量。

综合案例 🛒

案例名称： 文创产品店铺装修——制作首页海报。

案例背景： 首页海报往往能起到引导买家购买、引流促销的作用，一张好的首页海报能够给买家带来信任感，也能让买家更快地了解店铺的主营商品。现在，黄巧团队需要根据"艺·尚"文创店的风格制作一幅有吸引力有营销效果的海报。

综合案例：
制作首页海报

实训目的： 掌握店铺首页海报图的设计与制作。

实训要求：

①结合促销信息，突显最新促销方案。

②分析商品的特点和卖点，结合商品本身的风格属性，突出商品，利用本书提供的素材制作海报图，效果如图 3.2.7 所示。

图 3.2.7

活动 2　制作优惠券

活动背景

晓玲在逛网店的时候发现，店铺为了吸引客户下单会策划很多促销活动，而店铺的优惠券就是最常见的促销形式之一。通过向老师请教，晓玲想好了店铺优惠券的额度和使用范围，现在我们就一起来制作店铺优惠券的样式吧，最终效果如图 3.2.8 所示。

图 3.2.8

活动实施

步骤 1：新建文件，颜色模式为 RGB 颜色，分辨率为 72 像素 / 英寸，背景内容为白色，尺寸宽为 1 367 像素、高为 176 像素。

步骤 2：新建图层，使用"矩形工具"在图层的左下方绘制一个宽度为 310 像素、高度为 145 像素的蓝绿色（R：45，G：167，B：168）矩形。

步骤 3：新建图层，在蓝绿色矩形的上方绘制一个宽度为 280 像素、

制作优惠券

高度为 125 像素的矩形,并填充为浅蓝色(R:211,G:244,B:244),使用"圆形选框工具"选择矩形左右两边中间位置的半圆,按"Delete"键删除。新建图层命名为"投影",使用"画笔工具",设置硬度为"0"、颜色为黑灰色(R:48,G:46,B:45)、透明度为50%,在矩形左右两边的线条处画上一些投影,将"投影"图层放置于矩形图层的下方,效果如图 3.2.9 所示。

　　步骤 4:新建图层,使用"横排文字工具",将文字信息输入矩形框中,使用"直线工具"在"每满 300 减 30"的文字下方绘制一条灰色(R:110,G:108,B:108)虚线,效果如图 3.2.10 所示。

图 3.2.9

图 3.2.10

　　步骤 5:新建图层,使用"圆角矩形工具",在"满 300 元可使用"文字下方绘制一个圆角矩形,填充渐变颜色,颜色由淡黄色(R:246,G:233,B:203)到淡黄色(R:255,G:247,B:233),添加图层样式,具体参数如图 3.2.11、图 3.2.12 所示,效果如图 3.2.13 所示。

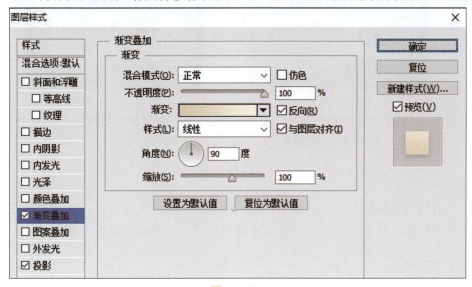
图 3.2.11

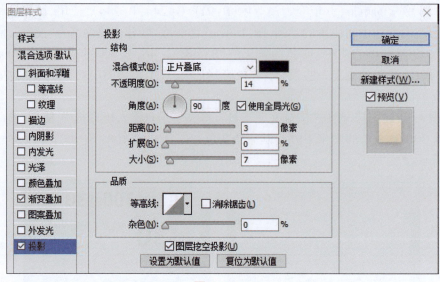

图 3.2.12

步骤6：新建图层，使用"横排文字工具"，将文字信息输入优惠券中，使用"圆角矩形工具"，设置填充为"无填充"，描边为白色（R：255，G：255，B：255），粗细为"1像素"，在相应文字周围绘制圆角矩形，效果如图3.2.14所示。

图 3.2.13

图 3.2.14

步骤 7：将上述所有图层合并为一个组，复制 3 次，将另外 3 张优惠券并列放置于空白处，更改优惠信息最终效果如图3.2.8 所示。

活 动 评 价

为了方便顾客领取和使用优惠券，优惠券的设计也必须要花些心思，不仅要第一时间能抓住客户的注意力，还要清晰明了，才能对店铺的运营起到更好的效果。

综合案例

案例名称：文创产品店铺装修——制作优惠券。

案例背景：在制作完店标、店招、首页海报后，店铺的促销信息如何能够更好地展示出来也是需要认真思考和设计的。黄巧团队选择制作一组优惠券，来配合店铺的促销计划和具体的优惠措施。

实训目的：掌握店铺优惠券的设计与制作。

综合案例：
制作优惠券

实训要求：

①符合首页的整体设计风格，内容完整，设计新颖。

②利用本书提供的素材，结合店铺的促销计划和具体的优惠措施，设计一组优惠券，券额合理，效果如图 3.2.15 所示。

图 3.2.15

任务 3　商品推荐模块制作

情境设计

　　晓玲家的时尚女装馆，产品质量不错，品牌过硬，但是网店生意一直不红不火。虽然晓玲父母悉心经营，但是面对网络这样一个高科技、透明的卖场，他们不知道哪些商品有人浏览，不知道每天有多少人来店里看过哪些商品，连续一个月都没有成交一单，感觉无从下手，晓玲也心急如焚。她询问老师才发现可能是"装修"惹的祸。老师告诉她，可以通过装修，把主打商品推荐到首页，这样集中火力推荐爆款，加上专业的店铺装修，生意一定能好起来。于是，晓玲开始信心满满地研究如何装修网店。晓玲通过浏览多个皇冠店铺了解到商品推荐模块不仅是介绍商品的属性特征，还给买家了解店铺新款爆款。这个位置非常重要，它决定店铺的跳转率。

任务分解

　　思考之后，晓玲决定分 3 步进行：制作新品推荐模块、制作爆款热卖模块、制作精品推荐模块。

活动 1　制作新品推荐模块

活动背景

　　晓玲觉得这个模块是需要详细规划的，她决定先和父母讨论一下。新品推荐模块要分别展示商品的全貌、商品的细节或者一些特殊属性来吸引买家眼球。他们决定先设计几个区域，来分别展示商品的内容，让买家可以直观地了解到商品，效果如图 3.3.1 所示。

图 3.3.1

活动实施

步骤1：新建文件，颜色模式为RGB颜色，分辨率为72像素/英寸，背景内容为白色，尺寸宽为1 920像素、高为2 880像素。

步骤2：新建图层，使用"矩形选框工具"绘制矩形选区，填充为白色（R：255，G：255，B：255）。

步骤3：打开"练习素材/项目3"文件夹，选取合适的模特展示图，将模特图置入文件中，将模特图图层通过"创建剪贴蒙版"剪贴到矩形方框中，调整好模特大小以显示整个模特图。

步骤4：重复步骤2、3，绘制4个矩形，分别置入模特图，创建剪贴蒙版，效果如图3.3.2所示。

步骤5：新建图层，使用"矩形选框工具"绘制矩形选区，填充为深绿色（R：45，G：167，B：168），复制2个相同的矩形方框，将3个矩形方框放置合适位置装饰画面，效果如图3.3.3所示。

制作新品推荐模块

图 3.3.2

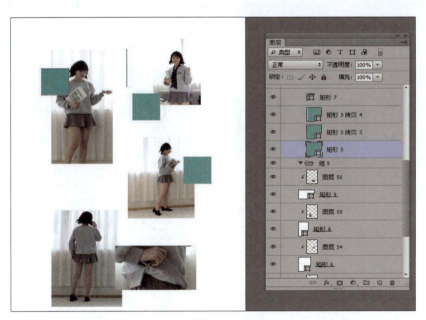

图 3.3.3

步骤 6：在方框上添加文字"学院风 PREEPY LOOK"，字体为微软雅黑，字号为 46 点，字体颜色为白色（R: 255, G: 255, B: 255），文字两端对齐；在方框边添加英文"NEW PRODUCT"，加粗，字体为 Impact，字号为 60 点，字体颜色为黑色（R: 0, G: 0, B: 0）；在空白地方添加文字"一种衣服代表一种生活方式　如果说小黑裙代表优雅　那么卫衣

便是代表洒脱 优雅和洒脱 就像硬币的两面 并行不悖 缺一不可",字体为微软雅黑,字号为 24 点,字体颜色为黑色(R:0,G:0,B:0),文字两端对齐;在空白处添加英文"2021/NEW PRODUCT",字体为 Arial,字号为 30 点,效果如图 3.3.4 所示。

图 3.3.4

步骤 7:同步骤 5、6,绘制浅黄色(R:226,G:214,B:189)、无描边的矩形方框,并添加英文 "NEW ARRIVED",字体为 Arial,字号为 67 点,字体颜色为白色(R:255,G:255,B:255)。完成后保存文件,最终效果如图 3.3.5 所示。

图 3.3.5

活动评价

晓玲通过实践操作，总结出一个好的店铺装修可以给店铺增加很多亮点，是吸引买家进入店铺浏览并促成成交的重要武器，应该合理地运用分布展示引导买家浏览商品来达到宣传经营的目的。

综合案例 🛒

综合实例：
设计制作新品
展示模块

案例名称： 文创产品店铺装修——制作新品展示模块。

案例背景： 店铺近期要推出几款新品，为了更好地展示新品，黄巧团队计划在首页独立制作一个新品展示模块。

实训目的： 掌握新品展示模块的设计与制作。

实训要求： 利用本书提供的素材，创意设计新品展示模块，突出新品特点以及细节。效果如图 3.3.6 所示。

图 3.3.6

活动 2　制作爆款热卖模块

活动背景

晓玲已经完成了新品展示模块，接下来她打算做一个爆款热卖模块，把一些店铺热卖的款式推荐给买家，这样可以提高买家的选择性，留住客户，减少流失，效果如图 3.3.7 所示。

图 3.3.7

活动实施

步骤 1：新建文件，颜色模式为 RGB 颜色，分辨率为 72 像素 / 英寸，背景内容为白色，尺寸宽为 1920 像素、高为 786 像素。

步骤 2：新建图层，填充为浅绿色（R：100，G：192，B：193）。

步骤 3：添加文字"爆款热卖"，字体颜色为白色（R：255，G：255，B：255），字体为字语文跃体，字号为 60 点，文字两端对齐；使用"矩形工具"在文字下方绘制矩形，填充为浅黄色（R：251，G：240，B：222），无描边，效果如图 3.3.8 所示。

制作爆款
热卖模块

图 3.3.8

步骤4：添加英文"HOT PRODUCTS"，字体颜色为浅绿色（R：123，G：216，B：217），字体为Arial，字号为93点，文字两端对齐，放置在左侧边缘作为修饰。

步骤5：置入素材"练习素材/项目3/商品主图.jpg"，并复制两个，平均分布在画布上。完成后保存文件，最终效果如图3.3.9所示。

图 3.3.9

◎**知识窗**◎

> 首页装修各个模块都有尺寸要求，在设置之前最好先了解尺寸再进行设计，不然容易出现图片变形或者显示不完全等情况，影响美观。
>
> 淘宝基础版店铺左侧模块为 190 像素，右侧模块为 750 像素，整体模块如店招和导航为 950 像素。如果使用智能版旺铺，模块最大可以达到 1 920 像素。

活动评价

晓玲通过实践操作，学习添加爆款热卖模块来推荐商品。在这个过程中，她学会了图文布局、文字修饰画面等技能。

综合案例 🛒

案例名称： 文创产品店铺装修——制作爆款热卖模块。

案例背景： 店铺通过分析近期商品销售的情况，找出几款热卖商品，黄巧团队决定打造爆款热卖模块主推这几款商品。

实训目的： 熟悉店铺商品销售情况，掌握爆款热卖模块的设计与制作。

实训要求： 利用本书提供的素材，创意设计爆款热卖模块，突出热卖商品。效果如图 3.3.10 所示。

综合案例：
制作爆款
热卖模块

图 3.3.10

活动 3　制作精品推荐模块

活动背景

晓玲已经完成了新品展示模块以及爆款热卖模块，接下来她还打算做一个精品推荐模块，把店铺销量最高的商品推荐给买家。一般销量最高的商品都是店铺的引流款，能够增加店铺的点击量以及客单价，所以需要设置一个精品推荐模块，提高买家购买欲，丰富店铺内容，效果如图 3.3.11 所示。

图 3.3.11

活动实施

步骤 1：新建文件，颜色模式为 RGB 颜色，分辨率为 72 像素 / 英寸，背景内容为白色，尺寸宽为 1 920 像素、高为 1 132 像素。

步骤 2：新建图层，使用"矩形选框工具"，绘制宽度为 498 像素、高度为 767 像素的矩形选区，填充为白色（R：255，G：255，B：255）。

步骤 3：置入素材"练习素材 / 项目 3/01.jpg"，将模特图放置在矩形方框中，右击模特图图层，创建剪贴蒙版，调整好模特大小以显示整个模特图。

步骤 4：在图片下方添加文字"学院风圆领徽章加厚卫衣"，字体为微软雅黑，字号为 24 点，字体颜色黑色（R：0，G：0，B：0）；添加文字"RMB 299"，字体为 Arial，字号为 24 点，字体颜色为黑色（R：0，G：0，B：0）。并将步骤 2、3、4 的图层建组，效果如图 3.3.12 所示。

制作精品
推荐模块

图 3.3.12

步骤 5：复制步骤 4 的组，替换商品图片，更改文字，制作两个精品推荐。

步骤 6：新建图层，使用"矩形选框工具"，绘制宽度为 329 像素、高度为 314 像素的矩形选区，填充为深绿色（R：45，G：167，B：168）；使用"横排文字工具"，在矩形的四个角落添加字符"+"，字体为微软雅黑，字号为 18 点，加粗，字体颜色为白色（R：255，G：255，B：255）。

步骤 7：在矩形方框中添加文字"精品推荐"，字体为微软雅黑，字号为 72 点，字体颜色为白色（R：255，G：255，B：255），文字两端对齐。完成后保存文件，最终效果如图 3.3.13 所示。

图 3.3.13

活动评价

晓玲通过实践操作，完成了商品推荐模块。整个画面的布局需要根据买家的浏览习惯，引导买家浏览店铺商品，增加店铺商品的曝光率，从而提高商品的转化率。

综合案例

案例名称：文创产品店铺装修——制作精品推荐模块。

案例背景：黄巧团队完成了新品展示模块以及爆款热卖模块，接下来她们还打算做一个精品推荐模块，用来展示店铺的主推商品，打造未来的爆款商品。

综合案例：
制作精品
推荐模块

实训目的：掌握精品推荐模块设计与制作。

实训要求：利用本书提供的素材，创意设计精品推荐模块，效果如图 3.3.14 所示。

图 3.3.14

合作实训

学习了店铺首页的整体装修之后，请以小组为单位进行合理分工，通过提供的合作实训素材制作店招、首页海报、新品推荐海报，要求如下：

①设计和制作符合店铺风格以及宣传理念的店招。

②美化商品图片，设计首页宣传海报。

③设计和制作的新品推荐、爆款热卖和精品推荐等促销模块。

项目总结

在设计店标、店招、导航条以及制作促销模块、商品推荐模块项目中，主要使用了Photoshop图片处理软件。在设计时，要根据店铺的定位，商品的风格、种类来考虑使用什么色调、使用什么字体、选择多大的字号、什么颜色的文字、文字怎么摆放、怎么与背景搭配等一系列问题。

对于没有美术和设计基础的初学者而言，要多浏览学习他人的作品，多看一些相关的书籍来提高自己的审美观和艺术欣赏能力。在实际设计制作中，初学者不是缺乏想法，而是想法太多，常常会把很多绚丽的效果和广告文字进行堆砌，画面常常出现过多的色彩搭配，使得画面没有中心，主题不突出。对于一间店铺而言，设计制作的店标、店招和导航条还要注意风格是否统一，能否和谐地搭配在一起。设计时要多用减法，而不是加法。

项目检测

1. 单项选择题

（1）店招的尺寸最好是（　　　）。

    A. 60 像素 ×60 像素　　　　　　　　　　B. 80 像素 ×80 像素

    C. 1 920 像素 ×120 像素　　　　　　　　D. 980 像素 ×120 像素

（2）店招上传是在"卖家中心"→"店铺管理"的（　　　）菜单中设置的。

    A. 店铺装修　　　　　　　　　　　　　B. 图片空间

    C. 宝贝分类管理　　　　　　　　　　　D. 店铺基本设置

（3）导航条编辑是在"卖家中心"→"店铺管理"的（　　　）菜单中设置的。

    A. 店铺装修　　　　　　　　　　　　　B. 图片空间

    C. 宝贝分类管理　　　　　　　　　　　D. 店铺基本设置

（4）图片尺寸是指在屏幕上显示的长度和宽度，其单位是（　　　）

    A. kB　　　　　　B. 像素　　　　　　C. M　　　　　　D. Bit

（5）图片格式是指图片在计算机上的存储格式；网上一般常用的存储格式，说法不正确的是（　　）

    A. JPEG/JPG　　　　B. GIF　　　　　　C.PNG　　　　　D. PSD

2. 多项选择题

(1) 页头背景图的背景显示方式有(　　　)。

    A. 平铺　　　　B. 纵向平铺　　C. 横向平铺　　D. 不平铺

(2) 店招的分类有(　　　)。

    A. 活动促销为主　　　　　　　　　　B. 宣传品牌为主

    C. 产品推广为主　　　　　　　　　　D. 美观为主

(3) 店招的图片格式可以是(　　　)。

    A. .gif　　　　　B. .jpg　　　　　C. .psd　　　　　D. .png

(4) 首页海报包含的基本元素是(　　　)。

    A. 中 / 英文店铺名称　　　　　　　　B. 符合店铺定位的形式表现

    C. 执行标准　　　　　　　　　　　　D. 品牌广告语

(5) 视觉营销的作用是(　　　)。

    A. 引起潜在客户的关注　　　　　　　B. 引起买家兴趣和购买欲望

    C. 传达网站信息　　　　　　　　　　D. 引起买家投资

3. 判断题

(1) 相机的手动模式一定比自动模式的效果好。　　　　　　　　　　(　　　)

(2) 配色可以改变空间的舒适程度和环境气氛,满足人们的视觉、听觉和心理方面的需求。　　　　　　　　　　　　　　　　　　　　　　　　　　(　　　)

(3) 首页海报可以是全屏的,也可以是非全屏的。　　　　　　　　　(　　　)

4. 简述题

(1) 一个好的首页装修对店铺有哪些好处?

(2) 为了做到让产品图片会说话,具体可以从哪些方面入手?

🛒 项目 4
淘宝视频制作 ⸻⸻⸻⸻⸻⸻⸻⸻⸻⸻ ▢

项目综述

　　近年来，随着 5G 技术的应用和移动互联网的普及，电子商务迎来了新的发展机遇，网络购物成为年轻人的首选购物方式，同时，短视频和自媒体更加火热。对于各种电子商务平台来说，视频显得越来越重要。买家在浏览淘宝店铺时，首先看到的是店铺的主图，其次才会去浏览店铺里的商品。看文字不如看图片，看图片不如看视频。视频是全方位的立体展示，伴有声音、文案介绍和功能展示。视频不仅能更好地展示宝贝，影响买家对商品的第一印象，获取流量，还能增加商品权重，提升转化率及销量。

　　晓玲通过课堂学习，决定跟着潮流走，给自家淘宝店提升档次，在店铺里放入淘宝视频。她向老师请教，了解到制作淘宝短视频，首先要学习拍摄优质短视频的方法、撰写视频脚本，并了解淘宝视频的规格和剪辑短视频。

项目目标

　　通过本项目的学习，应达到的具体目标如下：

知识目标
- 了解淘宝主图视频和详情页视频
- 掌握视频拍摄的构图方法
- 熟悉分镜头脚本的撰写
- 掌握视频剪辑，视频转场特效、声音及字幕的添加

能力目标
- 能制作主图视频
- 能制作详情页视频

素质目标
- 培养良好的沟通能力和团队协作精神
- 培养设计、制作的处理问题能力
- 培养爱国情怀和文化自信

活动 1　准备视频拍摄

活动 2　分析视频构图的基本原则

任务 1　视频拍摄

活动 3　选择景别与角度

活动 4　撰写分镜头脚本

项目 4　淘宝视频制作

任务 2　淘宝视频制作

活动 1　制作主图视频

活动 2　制作商品详情页视频

任务 1　视频拍摄

情境设计

晓玲第一次拍摄商品视频，她不清楚自己该用手机还是相机拍摄。她去请教老师后才知道，如果只是想要简单地呈现自己的商品，使用手机拍摄即可；如果对商品短视频有较高的追求，则选择使用微单相机或单反相机进行拍摄。

任务分解

晓玲初次接触视频拍摄，她了解了商品特点，准备了拍摄设备、道具，布置场景，约好模特，详细策划视频构图，策划拍摄角度后准备拍摄视频。

活动 1　准备视频拍摄

活动背景

晓玲学习区分店铺首页、主图和详情页视频，考虑到视频质量，她决定选择单反相机拍摄，另外还准备了辅助设备，如三脚架、灯光器材、静物台、反光板、柔光箱、硫酸纸等。

活动实施

1. 区分拍摄视频的类型

目前淘宝网的店铺首页、主图、详情页中均可上传视频，但是对不同位置的视频，相关要求也不同。

主图视频是淘宝新推出的一个全面展示宝贝全貌及细节的功能，在"卖家中心"→"商品发布"后台发布宝贝时，在上传 5 张主图的下方有一个上传宝贝视频的标志。除此之外，在"卖家中心"→"全部宝贝"中找到相关的宝贝，单击右侧的"编辑宝贝"超级链接，也可为其添加主图视频。

制作主图视频有以下要求：

（1）主图视频对搜索的帮助很大，宝贝上新时附带主图视频能在很大程度上提高搜索权重。

（2）主图视频一般可以直接拍摄，也可以由几张静态图片拼接为动态切换视频。

（3）拍摄的视频画面清晰度要 ≥ 720 像素，或分辨率 ≥ 720 像素，码率为 2~3 Mbit/s。

（4）拍摄的内容应突出商品一到两个核心卖点，不建议使用电子相册拼接。

（5）拍摄的视频画面中不能出现站外二维码、站外标志、站外 App 下载、站外交易引导等。

详情页视频不是免费的，需要先订购相关的服务才能上传详情页视频，视频内容一般以介绍产品、展示产品以及安装或操作演示为主，如图 4.1.1 所示。

图 4.1.1

在"卖家中心"→"商品发布"后台单击"宝贝视频"后面的"订购视频服务"超级链接，在打开的"服务市场"页面中可以选择需要订购的商家视频服务，然后打开相应的宝贝页面选择服务版本，并在下方的"使用教程"中查看视频的使用方法。

店铺首页视频可以是广告视频，旨在宣传店铺，也可以在装修店铺首页时添加自定义内容模块，单击"插入视频"按钮即可。

店铺首页的视频拍摄时可以设置一些场景和情节，内容最好是与产品和品牌相关的，或者是创立这个品牌或设计产品的一些想法。

2. 了解商品卖点

拿到商品后，不能立即拍摄，需要对商品有一定的认识和了解，包括商品的卖点、功能、使用方法等。只有了解了商品，才能为其选择合适的模特、道具，以及根据商品的材料进行场景和灯光的布置，如图 4.1.2 所示。

3. 准备拍摄设备、道具、模特和场景

● 拍摄设备：包括相机、三脚架、灯光、静物台、反光板等，相机可以用手机替换。

● 道具：道具的选择根据商品来选择，如需要为产品进行解说则需要选择录音设备，需要补光则选择反光板。常见的是金银双面可折叠的反光板，携带方便。同时，这种反光板材料的反光率比较高、光线强度大、光质适中，适用于多种主题拍摄，它还可以改变主体的色温，让主体更加突出。

● 模特：不同的商品需要选择不同的模特，部分商品可以不需要模特。

● 场景：为了凸显商品，可以根据实际需要选择一些道具来布置场景，如拍摄学生装时，可以设置教室场景，搭配三脚架、书本等。在生活中能够用于布置场景的材料很多，如美化家居用的花纹墙纸非常适合用来充当小型商品摄影的背景，如图4.1.3所示。

图 4.1.2　　　　　　　　　　　　　　　　图 4.1.3

活动评价

晓玲通过实践操作，考虑衣服适用人群是初、高中生，根据商品的特点，决定邀请高中生作为模特，将拍摄场景布置在居家室内及校园外，以便更好地突出商品风格。

综合案例 🛒

案例名称： 文创产品店铺装修——准备视频拍摄。

案例背景： 黄巧团队前期拍摄了商品图片并制作了主图，达到了很好地预期效果。近期他们发现短视频越来越受年轻买家的喜爱，视频伴有声音、文案介绍和功能展示，能全方位的立体展示商品，她们决定给自已店铺商品拍摄视频。

实训目的： 了解商品卖点，准备拍摄道具和布场道具。

实训要求： 根据商品类型和产品卖点，思考短视频的风格，并为拍摄需要准备道具。

活动 2　分析视频构图的基本原则

活动背景

晓玲经过老师的讲解，了解到拍摄视频需要学习视频构图的基本原则。无论是视频拍摄还是视频剪辑，都需要考虑构图的问题。好的构图可以提高视频的档次。构图是表现视频美感的重要手段，能突出宝贝卖点。没有考虑过构图的视频，质量堪忧。

活动实施

构图是摄影的基本技巧之一，是对画面中各元素的组成、结合、配置与取舍，能表达作品的主题与美感。

1. 主体明确

突出主体是对画面进行构图的主要目的。主体是表现主题思想的主要对象。在摄影构图中，要将主体放在醒目的位置。从人们的视觉习惯来讲，把主体放置在视觉的中心位置上，更容易突出主体，如图 4.1.4 所示。

2. 陪体衬托

陪体是指在画面中与主体构成一定的情节，帮助表达主体的特征和内涵的对象。通俗地讲，陪体的主要作用就是给主体作陪衬。如果说主体是一朵红花，那么陪体就可能是绿叶。有了陪体的衬托，整幅画面的视觉语言会更加生动、活泼，如图 4.1.5 所示。

图 4.1.4　　　　　　　　　　　　　　　　　图 4.1.5

3. 环境烘托

在摄影画面中，除了主体和陪体外，还可以用一些元素作为环境的组成部分，对主体、情节起一定的烘托作用，以加强主题思想的表现力，如图 4.1.6 所示。

4. 前景与背景的处理

前景位于主体前面、靠近相机的位置，其特点是在画面中成像较大，一般位于画面四周。运用前景的物体一般是花草树木或者人物等。例如，可以利用一些富有季节性气氛和地方特征的花草树木作前景，使画面具有浓郁的生活气息，如图 4.1.7 所示。

背景是指主体后面用来衬托主体的景物。它对突出主体形象及丰富主体的内涵起着重要的作用。

图 4.1.6　　　　　　　　　　　　　　　　图 4.1.7

5. 画面简洁

摄影本身就是"减法"，选择简单的背景，可以避免对主体注意力的分散。如果遇到杂乱的背景，可以采取放大光圈的办法，让后面的背景模糊不清，或选择合适的角度进行拍摄，避免杂乱的背景，如图 4.1.8 所示。

6. 追求形式美

充分利用点、线、面等综合元素的结合，在视觉上追求画面感，如图 4.1.9 所示。

图 4.1.8　　　　　　　　　　　　　　　　图 4.1.9

活动评价

晓玲通过学习，掌握了构图技巧，她运用"三分构图"，即以纵横两根线井字排列，把画面划分为 9 份。将衣服放在中心区域，再运用陪体衬托和环境烘托，突出主体。

 综合案例

案例名称：文创产品店铺装修——分析视频构图的基本原则。

案例背景：黄巧团队已经做好了视频拍摄的准备，接下来，她们要根据视频剧情分析视频构图。

实训目的：根据短视频的剧情需要，设计短视频的拍摄构图。

实训要求：
①思考短视频的剧情。
②设计短视频的拍摄构图。

活动 3　选择景别与角度

活动背景

　　晓玲为了更好地表现商品，决定选择不同的景别与拍摄角度和方位等。景别、拍摄角度及拍摄方位的不同，不仅可以满足人们不同的视觉需求（如拉近与被摄主体的距离、银幕空间的大小、是否强调等），还能让人产生不同的感官效果。

活动实施

1. 景别

　　景别主要是指照相机与被摄对象间的距离的远近不同，而使画面中被摄对象的大小发生改变。景别的划分，一般可分为 5 种，由近到远分别为特写、近景、中景、全景、远景。

　　（1）特写。画面的下边框在成人肩膀以上的头像，或其他被摄对象的局部称为特写镜头。特写镜头提示信息，营造悬念。在淘宝视频拍摄中，细节能表现商品的材质和质量，如图 4.1.10 所示。

　　（2）近景。人物胸部以上，或物体的局部称为近景。近景的屏幕形象是近距离观察人物的体现，它能很好地表现对象的特征和细节等，如图 4.1.11 所示。

　　（3）中景。画框下边卡在膝盖左右部位或场景的画面称为中景。一般不正好卡在膝

图 4.1.10

盖部位，这是摄影构图的忌讳。中景在影视作品中占的比重较大，它将拍摄对象的大概外形展示出来，又适当地保留了细节，是突出主题的常见景别，如图 4.1.12 所示。

图 4.1.11

图 4.1.12

（4）全景。全景用来表现场景的全貌与人物的全身动作，表现了人物之间、人与环境之间的关系。这种景别在淘宝视频中应用较多，用于表现商品的整体造型，如图4.1.13所示。

图 4.1.13

图 4.1.14

（5）远景。远景一般用来表现远离摄影机的环境全貌，展示人物及其周围广阔的空间环境、自然景色和群众活动大场面的镜头画面，如图4.1.14所示。

2. 拍摄方位

在拍摄商品视频时，从多个方位拍摄更能体现商品的全貌，进而给买家全面的展示。

（1）正面拍摄。正面拍摄是一种常用的摄影角度。正面拍摄可以产生庄严、平稳的构图效果它能给买家留下第一印象服装和首饰等需要在正面以多种造型进行拍摄展示，如图4.1.15所示。

（2）侧面拍摄。侧面拍摄包括正侧面和斜侧面。斜侧面不仅能表现商品的侧面效果，也能给画面一种延伸感、立体感，如图4.1.16所示。

（3）背面拍摄。背面拍摄中主体与照相机的朝向一致，一般为表现商品的全貌，如图4.1.17所示。

图 4.1.15

图 4.1.16

图 4.1.17

3. 拍摄角度

在拍摄前观察被摄物体，选择最能表现其特征的角度。

（1）平视角度。拍摄点与被摄对象处于同一水平线上，以平视的角度拍摄照片，画面效果接近人们观察事物的视觉习惯，如图4.1.18所示。

（2）仰视角度。拍摄点低于被摄对象，以仰视的角度来拍摄物体，能够突出主体，表现对象的内部结构，如图4.1.19所示。

（3）俯视角度。拍摄点高于被摄对象，以俯视的角度拍摄位置较低的物体。在淘宝拍摄中，最常见的是以俯视角度拍摄茶品，如图 4.1.20 所示。

图 4.1.18　　　　　　　图 4.1.19　　　　　　　图 4.1.20

活动评价

晓玲通过学习，将景别选为近景和特写，拍摄角度为平视，从正面、侧面、背面等方位进行拍摄。

综合案例 🛒

案例名称：文创产品店铺装修——选择景别与角度。

案例背景：黄巧团队做好了视频拍摄准备以及分析了视频构图，接着她们要为拍摄选择景别与角度。

实训目的：设计拍摄短视频的景别与角度。

实训要求：根据短视频的剧情需要，选择合适的景别与拍摄角度。

活动 4　撰写分镜头脚本

活动背景

分镜头脚本是创作视频必不可少的前期准备。分镜头脚本的作用，就好比建筑大厦的蓝图，是摄影师进行拍摄、剪辑师进行后期制作的依据和蓝图，也是模特和所有工作人员领会导演意图，理解视频内容，进行再创作的依据。晓玲将根据商品特点等撰写分镜头脚本。

活动实施

根据商品卖点、视频构图、景别、拍摄角度及拍摄方位、搭设场景等知识点，填写主图视频分镜和详情页视频分镜，见表 4.1.1、表 4.1.2。

◎**温馨提示**◎

　　撰写分镜头脚本之前，首先要与客户沟通，获取客户对产品拍摄的需求，包括是否需要模特、选择室内场景或者外景、与产品搭配的道具要求等；接着需要详细记录客户要求，根据客户要求谈好价格，接单时间、交付时间和负责人。

表 4.1.1　主图视频分镜

镜号	参考画面	镜头运用	景别	内容说明文案	台词备注	说明
1		固定	全景	女主蹦蹦跳跳着上楼梯，然后回头看一下镜头		
2		从近到远	近景	女主走上讲台，把粉笔拿了起来		
3		固定	近景	固定近景女主写一个数学公式（黑板别的部分最好写上别的内容）		
4		固定	近景	固定近景女主走在校园的某条小道上		
5		固定	全景	固定全景女主走在操场上		
6		固定	全景	女主走下楼梯		

表 4.1.2　详情页视频分镜

镜号	参考画面	镜头运用	景别	内容说明文案	台词备注	说明
1		固定	全景	模特穿整套衣服的效果		
2		从下到上	近景	衣服的领口	圆领领口设计适合各种脸型	
3		从远到近	特写	胸口刺绣		
4		固定	近景	模特随意摆动作		
5		从左到右	近景	像参考画面一样拍	加绒，保暖	

续表

镜号	参考画面	镜头运用	景别	内容说明文案	台词备注	说明
6		固定	特写	用手摸一下刺绣		
7		固定	近景	模特摆一下手		
8		固定	特写	袖子		
9		从左到右	近景	衣服的开衩处	心机小开衩	

活动评价

晓玲通过学习,结合所学的构图、景别等知识点,设计及填写了主图及详情页视频分镜头脚本,作为拍摄及剪辑视频的参考,并依据脚本拍摄了满意的视频。

综合案例 🛒

案例名称:文创产品店铺装修——撰写分镜头脚本。

案例背景:黄巧团队为了制作一个好的视频前期做了很多工作,接着她们要撰写视频的分镜头脚本,为拍摄和后期剪辑作最后的准备。

实训目的:掌握视频分镜头脚本的撰写。

实训要求:根据故事情节、拍摄的构图原则、景别与角度,结合商品特点,参考同类产商品短视频拍摄情况,撰写主图视频分镜头脚本和详情页视频分镜头脚本。

任务2 淘宝视频制作

情境设计

晓玲拍摄完视频后,组织团队讨论视频的优化问题,并根据讨论结果补拍了视频。优秀的视频可以抓住买家的眼球,从而促成更多的交易。接下来,他们将对视频进行后期处理,添加音频及字幕等。

任务分解

经过一番讨论之后,晓玲选择做主图视频和详情页视频,视频要添加转场效果、字幕和音频等。

活动1 制作主图视频

活动背景

晓玲已经认真研究了女装的卖点,完成主图视频分镜头脚本的撰写,成功拍摄满意的视频片段,接下来打算制作主图视频,选用的剪辑软件是 Corel VideoStudio 2018。

活动实施

1.设置项目

步骤1:启动会声会影,选择"设置"→"项目属性"命令,或按"Alt+Enter"快捷键。

步骤2:在打开的"项目属性"对话框中的"项目格式"下拉列表中选择合适的视频格式,单击"编辑"按钮,如图4.2.1所示。

制作主图视频

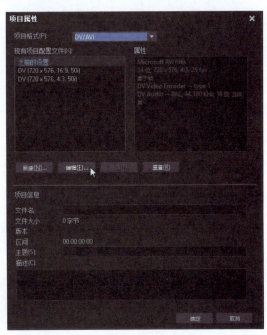

图 4.2.1

步骤3：在打开的"编辑配置文件选项"对话框中单击"AVI"选项卡，在"Compression"下拉列表中选择"None"选项，如图4.2.2所示。

步骤4：单击对话框中的"常规"选项卡，选中"自定义"选项，设置视频的宽度为"1 920"，高度为"1 080"。

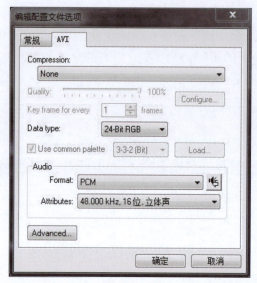

图 4.2.2

步骤5：设置完成后依次单击"确定"按钮。此时将出现"修改项目设置可能会清空视频/音频预览和撤销/重复功能的缓存。要继续吗？"的提醒，单击"确定"按钮。

2. 导入视频素材

步骤1：在会声会影素材库中单击"添加"按钮，如图4.2.3所示。

步骤2：在新建文件后将其命名为"主图"，在右侧的素材库中单击鼠标右键，在弹出的快捷菜单中选择"插入媒体文件"命令。

图 4.2.3

步骤3：在打开的对话框中选择视频素材"练习素材/项目4/主图.jpg、1.avi、2.avi"，单击"确定"按钮。

步骤4：拖动鼠标选择插入的图片和视频文件，将其拖动到时间轴上后释放鼠标，此时完成视频导入，在时间轴的项目区间按住鼠标左键将显示项目的时间长度，如图4.2.4所示。

图 4.2.4

◎友情提示◎

直接将计算机文件夹中的视频素材文件拖动到时间轴上也可以导入视频。

3. 分割剪辑视频

添加视频素材后，需要对视频进行剪辑，并删除不需要的部分，具体操作步骤如下：

步骤1：在时间轴上选择图片素材，直接将其向左拖动，更改图片的播放时间，如图 4.2.5所示。

图 4.2.5

步骤 2：在时间轴上选择"1.avi"视频素材，在预览窗口中单击"播放"按钮▶，预览视频，到需要剪辑的位置后暂停，单击"根据滑轨位置分割素材"按钮，如图 4.2.6 所示。此时，即可将时间轴上的第二段视频分割成两段。

图 4.2.6

步骤 3：选中分割出来的视频，按"Delete"键将其删除，此时第二段视频的时间缩短了许多，如图 4.2.7 所示。

图 4.2.7

步骤4：按以上做法，继续分割"1.avi"，如图4.2.8所示。删除第二段视频，结果如图4.2.9所示。

图 4.2.8

图 4.2.9

步骤 5：根据以上方法，剪辑"2.avi"，结果如图 4.2.10 所示。

图 4.2.10

4. 添加转场和特效

场是指场景，会声会影中每个素材为不同的场。转场即为场与场之间的过渡方式，会声会影提供了多种转场和滤镜效果。

步骤1：单击素材库中的"转场"按钮 **AB**，切换到"转场"素材库。

步骤2：选择一种转场效果，单击右键，选择"对视频轨运用当前效果"，默认添加的转场时间为 1 s，添加转场后在时间轴上选中转场并拖动，可更改转场的时间，如图4.2.11所示。

图 4.2.11

步骤 3：单击"滤镜"按钮 **▇**，打开"滤镜"素材库，选择"镜头闪光"滤镜，直接将其拖至素材上，如图 4.2.12 所示。

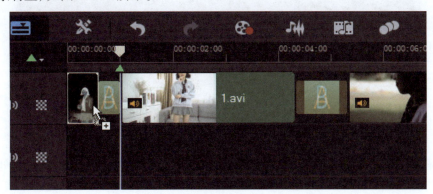

图 4.2.12

步骤 4：双击滤镜添加处可以打开"选项"面板，单击 **▇▇▇** 右侧的下拉按钮，在打开的面板中选择滤镜效果，完成滤镜的添加。

◎友情提示◎

单击"选项"面板中的"删除滤镜"按钮，可以删除为图片或视频添加的滤镜效果。

5. 添加音频

视频编辑完成后，可以为其添加背景音乐、旁白和配音等。

步骤 1：选中每一个视频素材，分别单击鼠标右键，在弹出的快捷菜单中选择"静音"命令，将该视频中包含的音频进行静音处理。

步骤 2：将素材音频文件"练习素材 / 项目 4/ 音频 .mp3"拖动到时间轴的音乐轨上，

如图 4.2.13 所示。

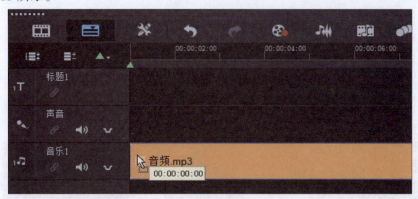

图 4.2.13

步骤 3：在音乐轨上选中"音频 .mp3"，在预览窗口中单击"播放"按钮▶，试听音频，到需要剪辑的位置后暂停，单击"根据滑轨位置分割素材"按钮✂，分割音频，效果如图 4.2.14 所示。

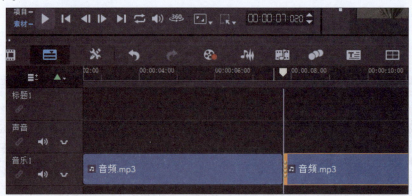

图 4.2.14

步骤 4：选择第一段音频，按"Delete"键删除。拖动第二段音频至视频开始处位置，结果如图 4.2.15 所示。

图 4.2.15

步骤 5：选择视频最右侧位置，在音乐轨上分割音频，删除后面剩余的音频。

步骤 6：在"选项"面板中单击"淡入"按钮███ 和"淡出"按钮███。

步骤 7：单击时间轴上的"混音器"按钮███，在混音器界面中调整音频的淡入点和淡出点，调整完后单击"混音器"退出混音器界面，此时完成音频的添加，如图 4.2.16 所示。

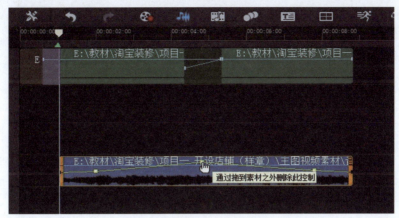

图 4.2.16

6. 输出视频

完成视频的制作后，需要将其输出为视频文件，再上传到淘宝网中。

步骤 1：在软件界面中单击"共享"选项卡，进入"共享"界面。

步骤 2：单击"WMV"按钮，在下方格式中选择需要的视频格式，如图 4.2.17 所示。

图 4.2.17

步骤 3：继续在下方设置文件的名称和保存位置，单击"开始"按钮。

步骤 4：系统自动开始渲染文件，并显示渲染进度，最后在打开的提示框中单击"确定"按钮。

活动评价

在这个活动中，晓玲认识到，在剪辑视频和音频时，最好事先将分割位置记录在纸上，在分割视频时才能做到精确、快速。

综合案例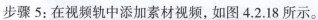

案例名称：文创产品店铺装修——制作主图视频。

案例背景：黄巧团队为了制作视频做足了准备，认真研究了文创作品卖点，完成了视频分镜头脚本的撰写，现在她们决定先制作主图视频。

实训目的：根据主图视频分镜头脚本，剪辑主图视频。

实训要求：

①导入素材，撰写详情页视频分镜头脚本，剪辑详情页视频。

②为主图视频添加转场与特效。

③为主图视频添加音频。

活动 2　制作商品详情页视频

活动背景

晓玲认真研究详情页视频的制作规则，在制作详情页视频时，她打算360°展示衣服，并加入特写镜头，着重突出衣服的衣领、袖口、刺绣、丝巾、加绒、小开衩等卖点。

活动实施

步骤 1：设置项目属性。

步骤 2：在会声会影素材库中单击"添加"按钮。

步骤 3：在新建文件后将其命名为"详情页"，在右侧的素材库中单击鼠标右键，在弹出的快捷菜单中选择"插入媒体文件"命令。

制作商品
详情页视频

步骤 4：在打开的对话框中选择视频素材"练习素材 / 项目 4/ 素材视频 .avi"，单击"确定"按钮。

步骤 5：在视频轨中添加素材视频，如图 4.2.18 所示。

图 4.2.18

步骤 6：单击"显示选项面板"按钮 ，在选项面板中单击"多重修整视频"按钮 。

步骤 7：打开对话框，拖动预览窗口下方的时间滑块到合适的位置，如图 4.2.19 所示。

图 4.2.19

步骤 8：单击"设置开始标记"按钮，标记开始位置，如图 4.2.20 所示。

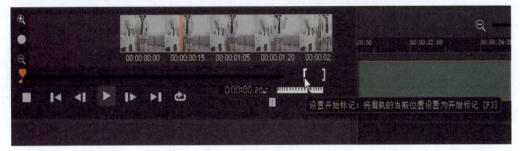

图 4.2.20

步骤 9：拖动滑块到结束的位置，单击"设置结束标记"按钮，如图 4.2.21 所示。

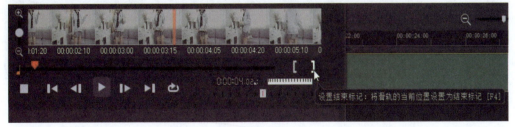

图 4.2.21

步骤 10：用同样的方法继续标记后面的视频，标记后在下方显示出标记的片段，如图 4.2.22 所示。

步骤 11：单击"确定"按钮，时间轴中仅显示需要的视频片段。

步骤 12：单击"即时项目"按钮，打开"即时项目"素材库。

步骤 13：选择"开始"类别中的一个模板，单击鼠标右键，执行"在开始处添加"命令。

图 4.2.22

◎友情提示◎

除此之外，还可以下载其他模板。在素材库上方单击"获取更多内容"按钮，在打开的对话框中选择一个模板，单击下方的"立即下载"按钮，下载安装后即可使用。

步骤 14：选择视频轨第二个素材并拖入覆叠轨中，如图 4.2.23 所示。选择覆叠轨中的素材 1，单击鼠标右键，执行"复制属性"命令。

图 4.2.23

步骤 15：选择覆叠轨素材 2，单击鼠标右键，执行"粘贴所有属性"命令。

步骤 16：在时间轴上方单击添加标记点，标记覆叠轨素材 1 的开始和结束位置。

步骤 17：删除覆叠轨素材 1，将覆叠轨素材 2 移动到素材 1 的位置，并调整区间，如图 4.2.24 所示。

步骤 18：双击标题轨上的标题，在预览窗口中双击修改文字内容为"2022年春节热销款"，如图 4.2.25 所示。

图 4.2.24

步骤 19：在时间轴上选择视频素材，在预览窗口中单击"播放"按钮■，预览视频，到需要的位置后暂停。

步骤20：单击素材库中的"标题"按钮**T**，切换到"标题"素材库。

步骤21：将文字移动到素材视频中需要出现的位置，如图4.2.26所示。将文字修改为"下摆做工工整"。

图 4.2.25

图 4.2.26

步骤 22：双击时间轴上的标题，在打开的"选项"面板中编辑文字格式，如图 4.2.27 所示。

步骤 23：调整标题区间，在时间轴上方单击添加标记点，标记标题的开始位置，如图 4.2.28 所示。

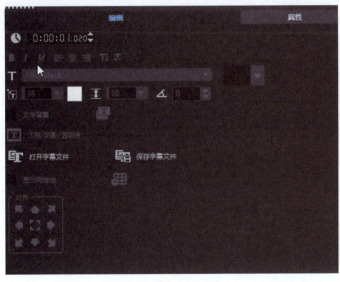
图 4.2.27

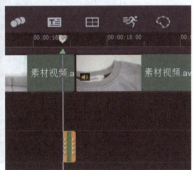
图 4.2.28

步骤 24：选择视频轨标记处，单击"根据滑轨位置分割素材"按钮，分割视频。

步骤 25：选择分割后的第二段视频，单击右键，选择"速度 / 时间流逝"，将速度改为 20%。

步骤26：在适当的位置上添加标题"圆领领口设计，适合各种脸型""丝巾手感丝滑""胸口时尚的刺绣""内有加绒，秋冬保暖""心机小开衩"，如图4.2.29所示。

图 4.2.29

步骤 27：用同样的方法在时间轴中添加"结尾"模板，如图 4.2.30 所示。

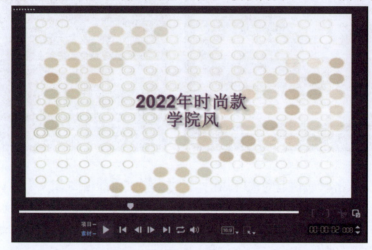

图 4.2.30

步骤 28：拖动声音素材，调整区间，如图 4.2.31 所示。

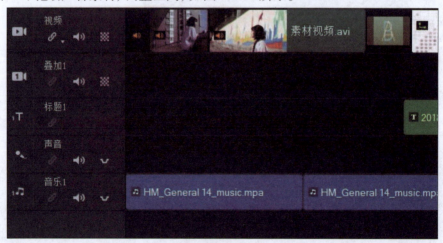

图 4.2.31

步骤 29：输出视频。

活动评价

在剪辑视频的过程中，加入标题时，除了考虑标题出现的开始位置，还要考虑标题的结束位置，这样才能让标题对应到正确的视频位置。如果视频时长太短，当播放视频时，文字会一闪而过，这时要考虑设置视频的"速度 / 时间流逝"，降低速度，延长时间。

综合案例 🛒

案例名称：文创产品店铺装修——制作详情页视频。

案例背景：黄巧团队制作好了主图视频，积累了视频拍摄和剪辑经验。店铺正在打造一款爆款商品，为了更好地引流，她们决定给这款商品制作详情页视频。

实训目的：根据详情页视频分镜头脚本，剪辑详情页视频。

实训要求：

①导入素材，根据详情页视频分镜头脚本，剪辑详情页视频。

②提炼商品卖点，组织文字，为详情页视频添加商品卖点字幕。

③为详情页视频添加音频。

合作实训

学习了用 Corel VideoStudio 2018 剪辑视频，请以小组为单位进行合理分工，通过提供的合作实训素材，对视频素材进行剪辑，要求如下：

①从提供的素材中挑选合适的视频素材。

②制作主图视频，添加音频和转场。

③制作详情页视频，突出产品卖点，添加字幕和音频。

项目总结 🛒

通过本项目的学习与操作，学生可掌握拍摄视频的构图技巧、景别与角度、拍摄设备、道具、模特和场景等知识，能够撰写分镜头脚本，根据脚本拍摄视频，制作出主图视频和详情页视频，提高店铺的搜索权重。

项目检测 🛒

1. 单项选择题

（1）在计算机内部，对视频信号处理的信号种类是（　　　）。

　　A. 模拟信号　　　　　　　　　　　　B. 数字信号

　　C. 两者皆可　　　　　　　　　　　　D. 两者皆不可

（2）以下格式中，属于视频格式的是（　　　）。

　　A. bmp　　　　　　　　B. jpeg　　　　　　C. mp3　　　　　　D. avi

（3）目前我国使用的电视制式的帧速率为（　　　）。

　　A. 24 帧 /s　　　　　　B. 29 帧 /s　　　　　C. 25 帧 /s　　　　　D. 12 帧 /s

（4）当片段的持续时间和速度锁定时，一段长度为 10s 的片段，如果改变其速度为50%，那么其长度为（　　　）。

　　A. 20 s　　　　　　　　B. 15 s　　　　　　C. 10 s　　　　　　D. 5 s

（5）我国普遍采用的视频制式为（　　　）。

    A. PAL　　　　　　　　B. NTSC　　　　　C. SECAM　　　D. 其他制式

2. 多项选择题

（1）下列属于常用摄影辅助器材的是（　　　）。

    A. 三脚架　　　　　　B. 摄影棚　　　　　C. 摄影台　　　D. 干燥箱

（2）网上开店,需要具备的基本数码环境是（　　　）。

    A. 电脑　　　　　　　B. 网络　　　　　　C. 数码相机　　D. 摄像机

（3）下列属于定价技巧的是（　　　）。

    A. 成本导向定价法　　　　　　　　B. 竞争导向竞价法

    C. 需求导向定价法　　　　　　　　D. 市场最低价

（4）若商品图片色彩失真,可以用（　　　）软件来调整。

    A. Photoshop　　　　B. 光影魔术手　　　　C. IE　　　D. Flash

（5）常见布光方法有（　　　）。

    A. 正面两侧布光　　　　　　　　　B. 后方布光

    C. 两侧 45° 布光　　　　　　　　　D. 前后交叉布光

3. 判断题

（1）从技术上讲,镜头是摄像机的光学部件;从拍摄上讲,镜头是指一段连续的视频片段,或者说是摄像机毫无间歇拍摄出的一段视频。　　　　　　　　　（　　　）

（2）从技术上来说,蒙太奇只是众多的剪辑技巧中的一类。　　　　　　（　　　）

（3）流畅的剪辑可以使观众感觉不到镜头的转换,忘记摄像机的存在。这是好莱坞所推崇的零度剪辑风格,其目的是让观众全身心地沉浸在影像故事之中。　　（　　　）

4. 简述题

（1）什么是景别？简述各种景别划分的范围。

（2）什么是视频转场？它有什么作用？

项目 5

商品详情页设计与制作 ·····················

项目综述

　　有过网上购物经历的人都知道，在网上交易的整个过程中，买家既看不到实物，也没有营业员导购，商品详情页就承担起推销一个商品的所有工作。据统计，大多数买家是通过浏览详情页后生成订单的，由此可见，商品详情页在淘宝网店装修中至关重要。

　　晓玲首先进行市场调查、同行业调查、规避同款和买家调查，从调查中分析了买家的人物画像、买家的痛点和需求点。接着，她根据商品卖点对商品详情页进行策划，商品详情页不仅要向买家展示商品的规格、颜色、细节、材质等信息，还要向买家展示商品的优势。晓玲整理每件衣服的尺寸、材质、文化内涵、物流信息、优惠活动等基本信息，仔细研究每件衣服的特点、优势和买家痛点、需求点，制订出每件衣服的卖点。完成准备工作后，晓玲将根据商品的特点设计商品详情页。

项目目标

通过本项目的学习，应达到的具体目标如下：

知识目标

- 了解商品详情页设计内容
- 了解商品详情页的规划与展示模块
- 掌握商品详情页制作的方法和技巧

能力目标

- 能根据不同商品类型规划商品详情页模块
- 能独立设计和制作商品详情页

素质目标

- 培养诚实经营的意识，做到商品如实描述
- 培养良好的审美观和艺术欣赏能力

任务 1　商品详情页设计

情境设计

在设计详情页过程中，晓玲发现别人的商品详情页不是看不到商品的介绍，就是内容多而杂，让人眼花缭乱，这不仅让人产生视觉疲劳，还影响顾客的购买欲望。看来，了解服装类的商品详情页框架内容是当务之急。

任务分解

晓玲和她的团队通过一番学习之后，总结并梳理了服装类商品详情页的框架结构。他们发现在实际设计过程中，因商品的差异和店铺的需求需要对部分信息进行合理的删减。但无论怎么设计，其目的都是提升店铺的转化率，让顾客对商品产生购买的欲望。

<h1 style="text-align:center">活动 1　规划商品详情页</h1>

活动背景

　　商品详情页是影响店铺转化率的重要因素,如何规划才能更好地发挥商品详情页的最大作用呢?晓玲和她的团队不断查阅相关资料并请教相关老师,最终得到商品详情页页面的框架结构。

活动实施

1. 了解商品详情页

　　在网店交易的整个过程中,没有实物,没有营业员,不能口述,也不能感觉。商品详情页几乎承担着推销商品的全部工作。商品详情页对刺激顾客的购买欲望,提高商品转换率至关重要。商品详情页占店铺流量的比重如图 5.1.1 所示。

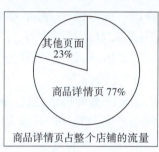

商品详情页占整个店铺的流量

图 5.1.1

　　在规划店铺框架结构的时候,各个页面要相互链接。打通每个页面的联系,才能让买家尽可能长时间地停留在自己的店铺,避免顾客流失。

2. 了解商品详情页的设计思路

　　在规划设计前,要先理清商品详情页的设计思路。很多新手美工都以为做商品详情页就是简单地摆放几张产品图和产品尺寸图,然后设置一些参数表就可以了。这样做出的商品详情页无法吸引买家,无法成功地将商品卖出去。打造专业、优秀的商品详情页,往往需要用大约 60% 的时间去调查和构思,确定方向,再用 40% 的时间去设计和优化。在具体设计时,除了要美化图片,合成效果图,还应该完成前期准备工作,并把它们体现到商品详情页中。商品详情页的设计思路见表 5.1.1。

表 5.1.1　商品详情页的设计思路

设计前的市场调查:①设计商品详情页之前进行充分的市场调查和同行调查;②做好消费者调查,分析消费者人群和消费能力以及顾客购买所在意的问题。
调查结果及产品分析:分析总结,罗列出顾客所在意的问题、同行的优缺点。
商品定位:找准产品自身的定位。
提炼商品卖点:挖掘并提炼商品与众不同的卖点。
准备设计元素:确立商品详情页设计的六大元素(配色、字体、文案、构图、排版和氛围)。

3. 商品详情页的规划

　　商品详情页设计是直接决定交易能否顺利进行的关键因素。顾客可以在商品详情页里了解到什么信息?商品详情页又能给顾客提供什么信息呢?要抓住一个关键点,即阐述逻辑。客户在第一次接触商品详情页时,商品详情页基本承担着如图5.1.2所示的营销任务。

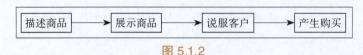

图 5.1.2

为节省时间，避免大量的重复工作，可以将商品详情页内容大致分为两种类型：一种是通用内容；另一种是特殊内容。通用内容按每个商品的相同性质进行分类，如快递说明、售后服务、购买须知、品牌故事等，这些内容没有必要一一去编辑，可以直接通过工具软件进行批量添加、批量修改、批量替换来实现。特殊内容按每件商品的特色性质进行分类描述，如商品图片、尺寸、参数等，这些内容必须逐个商品编辑发布。另外，处于不同阶段的掌柜，可以划分不同的商品详情页栏目，分别实现不同的营销功能。详情页栏目大致可分为以下 3 类：

（1）基础描述栏目。主要提供买家最需要了解的基本信息，如商品展示、商品描述、快递说明、售后服务、商品参数、商品报价、购买须知、退换说明、联系方式、尺寸信息、测量方法、模特展示、细节展示、购物流程、支付方式、企业实力等。

（2）强化增值栏目。主要提供更多的信息增强商品详情的说服力，提高店铺的品牌感、专业性，让买家更放心地购买，同时减少咨询量，如品牌故事、关于我们、保养方法、授权证书、质检证书、顾客评价等。

（3）营销刺激栏目。主要为买家提供更多的产品选择，增加成交的机会，如热卖推荐、相关商品、搭配套餐、新品推介、好评推介等。

活动评价

在进行商品详情页的规划过程中，晓玲和她的团队了解了商品详情页，而不是直接借鉴同类店铺详情页的设计内容。他们分析了服装类的详情页框架，再进行具体的内容设计，这样设计出的详情页会更专业。通过这个活动，晓玲明白充分的准备工作是非常有必要的，可以为后面工作的开展起到事半功倍的作用。

活动2 分析商品详情页展示模块

活动背景

晓玲意识到在店铺装修之前，做好商品详情页的规划布局相当重要。在了解相关内容之后，她接着学习商品详情页展示模块的具体内容。

活动实施

从上一活动内容可知，商品详情页是由不同信息模块组成的，模块间的相互组合，就像是语法的主语、谓语、宾语一样。有的模块是整个商品描述主要的组成部分，有的模块是起着修饰的作用，让商品看上去更加吸引人，让人有购买的冲动。

步骤 1：制作创意海报情景大图。

根据前三屏 3 s 注意力原则，开头的大图是视觉焦点，应该尽可能地展示品牌特性、产品特色的意境图或者具体的活动图，可以第一时间吸引买家的注意力，如图 5.1.3 所示。

图 5.1.3

在这张创意海报大图中，开学季的相关活动非常醒目，能够很好地吸引大家的眼球！

步骤 2：分析宝贝的卖点 / 特性。

根据 FAB 法则，要将产品的 Feature（特性）、Advantage（作用）、Benefit（好处）等描述清楚。

● Feature（特性）：产品品质，是指服装布料、设计的特点，即一种产品能够看得见、摸得着的东西，产品与众不同的地方。

● Advantage（作用）：从特性引发的用途，是指服装的独特之处，这种属性将会给顾客带来的作用和优势。

● Benefit（好处）：是指作用或者优势会给顾客带来的利益，对顾客的好处（因客而异）。

如图 5.1.4 所示的卫衣，其卖点就是舒适、透气、柔软。

图 5.1.4

步骤 3：列出商品的规格参数。

商品在拍摄的时候没有参照物，不能反映商品的真实情况。经常有买家买了商品以后要求退货，原因就是与预期相差太大。加入商品规格参数的模块，才能让买家对商品有正确的预估。商品的可视化尺寸设计，一般可以采用实物与商品对比，让买家真切体验到商品实际尺寸，以免收到货的时候低于心理预期。如图 5.1.5 所示，买家对卫衣的信息非常明晰。

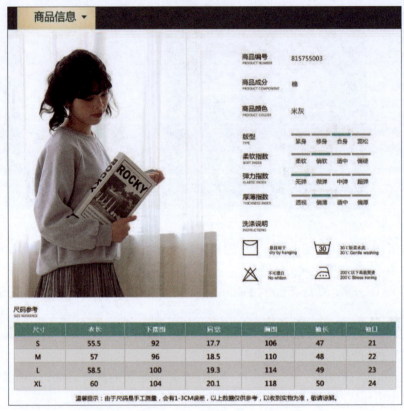

图 5.1.5

步骤 4：对模特 / 商品的全方位展示。

商品展示以主推颜色为主，服装类的商品要提供模特的三围、身高信息。最好放置一些买家真人秀的模块，目的就是拉近与买家的距离，让买家了解衣服是否适合自己。这个部分通常使用图片的形式来展现，一般可以分为摆拍图和场景图两种类型。

摆拍图能够直观地表现产品，拍摄成本相对较低，大多数卖家自己就能够实现。摆拍图的基本要求就是能够把商品如实地展现出来。走平实无华路线，有时候这种态度是能够打动买家的。实拍的图片通常需要突出主体，用纯色背景，讲究干净、简洁、清晰。这种拍摄手法比较适合家居、数码、鞋、包等小件物品，采用模特拍摄反而会喧宾夺主。

场景图能够在商品展示的同时，在一定程度上烘托商品的氛围，通常需要较高的成本和一定的拍摄技巧。这种拍摄手法适合有一定经济实力、有能力把控商品展现尺度的卖家。场景运用得不好，反而增加了图片的无效信息，分散了主体的注意力。场景图需要体现出商品的功能，或者是一个唯美有意境的图片，如图 5.1.6 所示的卫衣，这里的场景图就能很好地衬托商品，不会影响商品的展示。

图 5.1.6

步骤 5：对商品细节图片显示。

展示细节图片要清晰有质感，并且附带相关细节的文案介绍。在商品展示模块里，买家可以找到商品的大致感觉。当买家有意识想要购买的时候，商品细节模块就要开始起作用了。细节是让买家更加了解这个商品的主要手段。买家熟悉商品对最后的成交起到关键性的作用。如图 5.1.7 所示，尽可能地展示了商品的细节、材质等顾客比较关心的问题。

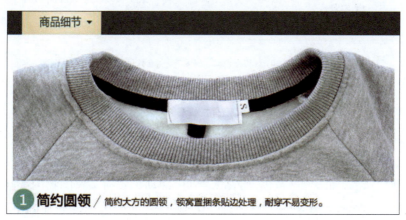

图 5.1.7

步骤 6：对商品包装展示。

通过店铺的资历证书以及生产车间方面的展示，可以烘托出品牌和实力。但是，一个店铺品牌不是通过几张图片以及写几个品牌故事就可以做出来，而是在整个买卖过程中通过各种细节展现给买家。一个好的包装能体现店铺的实力，还可以提升买家的购物体验，增加后续购买的可能性。

步骤 7: 展示搭配模块。

搭配是时下最流行的词, 买家在淘宝网购物不仅是购买商品, 而且还是寻找自己的风格。大多数人对搭配的感觉并不是很敏锐, 他们更相信专业店主的搭配推荐。一旦买家接受店主推荐的搭配风格, 这个买家很可能就会成为店主长期、忠实的买家。

步骤 8: 展示关联营销模块。

关联营销主要承载着两个角色: 一是客户对该商品不认可时, 推荐相似的另外几款。客户既然点击到这个商品, 那么对这个商品还是有部分认可的, 推荐相似款, 能够在一定程度上挽回这次交易。二是当客户确定要购买这件商品时, 推荐与之搭配的另外一个商品, 让客户再购买更多的商品, 提高成交的客单价。客户在确定购买一个商品时, 会下意识地降低邮费成本, 多选购几个商品是不错的选择。关联推荐的商品切忌胡乱堆砌, 要根据营销的目标选择商品。

步骤 9: 展示品牌增值模块。

品牌增值就是将品牌信息引入商品描述, 从而论证该商品有别于其他店铺普通商品的事实。不过需要展示品牌信息的, 通常都不是买家熟知的品牌。品牌介绍可以增加买家对商品品质的认同感。

步骤 10: 提示售后保障。

售后就是解决顾客已知和未知的各种问题。例如, 是否支持 7 天无理由退换货、发什么快递、快递大概几天可以到, 以及商品有质量问题怎么解决等。售后做得好可以减轻客服的工作压力, 同时也增加店铺转化率, 如图 5.1.8 所示。

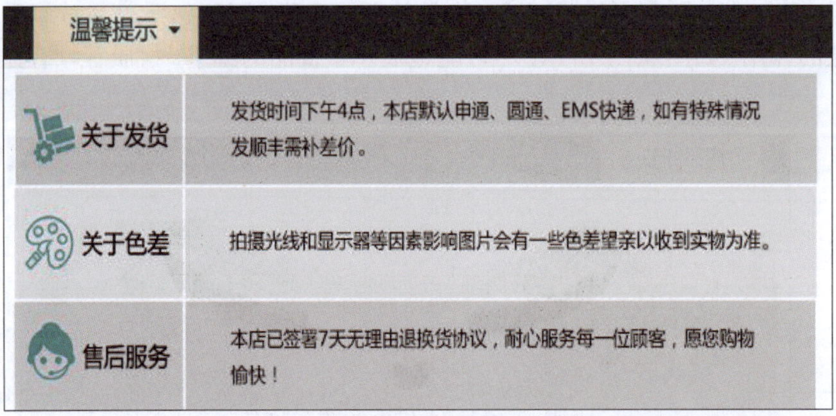

图 5.1.8

非标准化产品, 如女装、包包、饰品等类目, 冲动消费对买家购物的影响更大一些。这时需要格外加强商品的展示模块, 场景、氛围烘托等应尽量抓住目标群体的眼球。店主个性模块, 能做好的要尽量做好, 当前网店的竞争主要体现在用户之争。用户对店铺的认可越高, 店铺的发展前景越好。服装、鞋等类目无疑是个性店主们发挥得最好的主战场。

活动评价

晓玲通过实践操作, 学习商品详情页展示模块的要点并设计出商品详情页中需要展示的内容。

合作实训

通过淘宝网搜索女装商品，观察其商品详情页面内容，并绘制出商品详情页展示的模块图，为制作商品详情页做准备，如图 5.1.9 所示。

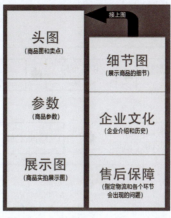

图 5.1.9

任务 2　商品详情页制作

情境设计

　　晓玲父母进了一批新女装卫衣，想让她把新品发布到网店。晓玲和她的团队已经熟练掌握了拍摄、修图、主图制作等操作，接下来就是制作商品详情页。商品详情页页面所涉及的信息十分丰富，也是商品介绍和卖点展示的重要区域，在设计时要进行合理内容展示和顺序安排，才能让顾客明白和购买。虽然面临压力，但是晓玲和她的团队决定勇敢尝试，力争做好详情页，尽快将新品上架销售。

任务分解

　　了解设计商品详情页的过程中需要注意很多规范，力求用最佳的图像和文字来展示商品的特点。经过一番激烈的讨论，晓玲和她的团队决定分两步进行：①准备和理顺一般商品详情页制作的整个流程；②针对女装制作商品详情页。

活动 1　分析女装商品详情页制作流程

活动背景

结合之前的任务，晓玲和她的团队了解了商品详情页的制作流程，正想跃跃欲试制作女装详情页。晓玲选了一款女装学生卫衣来制作商品详情页。因为卫衣是自己熟悉的商品，符合自己的年龄定位，她比较有发言权，所以设计起来比较有信心。

活动实施

实施流程步骤如图 5.2.1 所示。

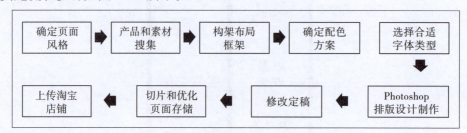

图 5.2.1

步骤 1：确定页面风格。

本款卫衣外观时尚、面料柔软，颜色为米灰色，显得柔软舒适、干净清纯。结合开学季的主题，确定的风格是青春大方、柔软舒适的文艺风。

步骤 2：搜集商品和素材。

整理实拍卫衣的图片和搜集制作商品详情页所需素材，如图 5.2.2 和图 5.2.3 所示。

图 5.2.2

图 5.2.3

步骤 3：构建女装商品详情页的布局框架。

本款卫衣详情页模块如图 5.2.4 所示，主要包括展示海报的创意设计、卖点特性、商品参数与尺寸对照、模特展示、细节展示等。其中，创意海报能给顾客最直观的视觉感受；商品卖点则是凸显衣服的柔软性；商品信息是利用表格说明尺寸；模特展示既展现产品，又为顾客提供搭配参考；细节展示是放大产品细节，既显示商品材质的可靠性，又让顾客进一步了解产品。总之，整个商品详情页的页面模块清晰，卖点信息详尽。

步骤 4：确定配色方案和字体。

为了更好地配合卫衣的视觉输出，凸显产品本身的色彩，在色相的选择上主要从衣服的配色中提取灰色，并通过对颜色进行明度的细微变化，扩展出相近的色彩。在设计中的背景、素材和文案排版也使用了深青色的色彩进行展示，用米黄色进行促销信息的点缀，如图 5.2.5 所示，整个画面给人协调而统一的视觉感受。

图 5.2.4

R:254	R:220	R:45	R:12
G:227	G:220	G:167	G:71
B:184	B:220	B:168	B:72

图 5.2.5

排版选择的字体主要是字语文跃体和微软雅黑，给人清晰大方、圆润舒服的感觉，适合产品及销售目标客户的定位。

步骤 5：Photoshop 排版设计制作。

利用 Photoshop 进行排版设计制作，最终效果如图 5.2.6 所示。

图 5.2.6

步骤 6：切片和优化页面存储。

（1）使用"切片工具"为制作好的商品详情页创建切片，如图 5.2.7 所示。

图 5.2.7

（2）执行菜单栏中的"文件"→"存储为 Web 所用格式"命令，打开"存储为 Web 所用格式"对话框，如图 5.2.8 所示。

图 5.2.8

（3）设置完毕后单击"存储"按钮，打开"将优化结果存储为"对话框，在"格式"下拉列表中选择"HTML 和图像"选项。

（4）设置完毕后单击"保存"按钮，此时打开文件夹就可以看到存储的切片，如图 5.2.9所示。

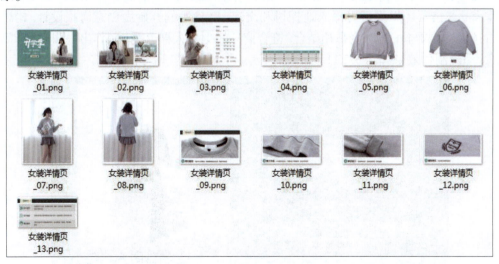

图 5.2.9

步骤 7：上传到淘宝店铺。

（1）到店铺后台的图片空间，进入"图片管理"，将刚才的 images 文件上传到空间中。

（2）回到店铺后台，进入"发布商品"页面，选择好相应的类目，按照要求提示填写信息，将图片选择到商品详情页中发布，如图 5.2.10 所示。

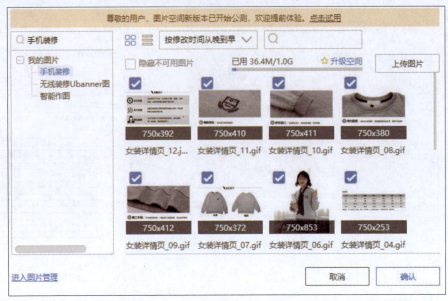

图 5.2.10

活动 2　制作创意海报图

活动背景

晓玲和她的团队掌握了女装商品详情页制作流程，但是他们对使用 Photoshop 设计制作商品详情页还想进行更深入地探讨和交流。晓玲她们开始做创意海报设计，构思以左右排版，卫衣与开学季主题相结合，符合商品的受众人群喜爱，制作出一张时尚、简约创意海报，制作效果如图 5.2.11 所示。

图 5.2.11

活动实施

步骤1：新建文件，颜色模式为RGB颜色，分辨率为72像素/英寸，背景内容为白色（R:255，G:255，B:255），尺寸宽为750像素、高为500像素。

步骤2：新建图层，填充为深青色（R: 45，G: 167，B: 168）。

步骤3：置入素材"练习素材/项目5/12.png"，将图层命名为"底纹"，调整图层不透明度，效果如图5.2.12所示。

制作创意
海报图

图 5.2.12

步骤 4：置入素材"练习素材 / 项目 5/01.jpg"，按"Ctrl+T"快捷键，调整图片的大小，放置在版面的右边。

步骤5：使用"矩形工具"，选择"形状"，选择不填充，描边为白色（R:255，G:255，B:255），4像素，描边选项为直线，绘制矩形，效果如图5.2.13所示。

图 5.2.13

步骤6：置入素材"练习素材/项目5/16.jpg"，进行图层样式的颜色叠加，选择白色（R:255，G:255，B:255），效果如图5.2.14所示。

图 5.2.14

步骤7：选择"矩形选框"绘制矩形，填充为米黄色（R：254，G：227，B：184），同理，使用椭圆选框工具绘制圆形，填充为深青色（R：11，G：82，B：83）。

步骤8：选择"多边形工具"，设置"形状"，填充选为白色（R:255，G:255，B:255），不描边，边数选择为3，绘制三角形，效果如图5.2.15所示。

步骤9：选择"横排文字工具"，字体为微软雅黑，字号为20点，字体颜色为白色（R：255，G：255，B：255），输入文字"新装，遇见新同学！"

步骤10：同理，完成相关文字输入，保存为 JPG 格式，最终效果如图 5.2.16 所示。

图 5.2.15

图 5.2.16

活动评价

　　经过不断地修改和调整,晓玲和她的团队完成了女装创意海报设计,明白了文案简洁、图片清晰,协调好图片与文案排版,这样才能吸引消费者的注意力,提高商品的转化率。

综合案例

　　案例名称:文创产品店铺装修——制作创意海报。

　　案例背景:黄巧团队目前跟进文创产品网店"艺·尚"项目,前面已设计和制作好店铺首页。为了有助于买家更详细地了解商品,激发买家购买欲望,她们准备制作商品详情页,首先对整个详情页面进行了规划和设计,接着开始制作详情页的创意海报。

　　实训目的:掌握文创产品创意海报的制作。

　　实训要求:

　　①符合商品详情页中创意海报的设计要求和制作流程。

　　②打开"综合案例素材 / 项目 5"中素材,根据效果图制作文创产品的创意海报,效果如图 5.2.17 所示。

综合案例:
制作创意海报

图 5.2.17

活动3　制作商品卖点图

活动背景

晓玲和她的团队掌握了女装的创意海报设计,接下来他们要进行商品卖点图的制作,把卫衣的面料优势作为突出卖点展示出来,激起买家的购买欲,制作效果如图 5.2.18 所示。

图 5.2.18

活动实施

步骤 1:新建文件,颜色模式为 RGB 颜色,分辨率为 72 像素 / 英寸,背景内容为白色(R:255,G:255,B:255),尺寸宽为 750 像素、高为 450 像素。

步骤 2:使用“矩形工具”,绘制矩形,放在版面左边,置入素材“练习素材 / 项目 5/02.jpg”,并创建剪贴蒙版,效果如图 5.2.19 所示。

制作商品
卖点图

图 5.2.19

步骤 3:同理,绘制矩形,放在版面右边,置入素材“练习素材 / 项目 5/13.jpg”,并创建剪贴蒙版,效果如图 5.2.20 所示。

图 5.2.20

步骤 4：绘制矩形，填充为深青色（R：45, G：167, B：168），并创建剪贴蒙版，把不透明度降为 30%，输入文字"舒适、透气、柔软"，效果如图 5.2.21 所示。

图 5.2.21

步骤 5：顶部输入文字"运动舒适时尚范儿"，字体为字语文跃体，颜色为深青色（R：45, G：167, B：168），大小为 35 点。

步骤 6：完成右下部分文字的输入，字体为微软雅黑，颜色为黑色（R:0, G:0, B:0），大小为 20 点，英文字体颜色为灰色（R：173, G：166, B：173），保存为 JPG 格式，最终效果如图 5.2.22 所示。

图 5.2.22

◎温馨提示◎

我们要践行社会主义核心价值观，诚信经商。在提炼产品卖点时，要如实描述，不伪造、夸大效果。

活动评价

经过不断地调整和修改，晓玲和她的团队完成了女装商品卖点图制作，明白了一定要挖掘出商品的突出卖点，这样才能吸引顾客，提高商品的转化率。

综合案例

案例名称： 文创产品店铺装修——制作商品卖点图。

案例背景： 黄巧团队已经掌握了创意海报制作，根据商品卖点的提炼，接下来制作商品卖点图，展示出商品的优势，从而打动买家的购买欲望。

实训目的： 掌握商品卖点图的设计和制作。

实训要求：

①提炼文创产品的特点。

②打开"综合案例素材 / 项目 5"中的素材"商品 1.jpg""商品 2.jpg"，根据效果图制作文创产品的商品卖点图，效果如图 5.2.23 所示。

综合案例：制作商品卖点图

图 5.2.23

活动 4　制作商品信息图

活动背景

晓玲和她的团队掌握了女装商品卖点图的制作，接下来她们要对商品信息图进行制作，让商品的信息介绍更全面，以便买家更清晰地了解商品的信息，制作效果如图 5.2.24 所示。

图 5.2.24

活动实施

步骤1：新建文件，颜色模式为RGB颜色，分辨率为72像素/英寸，背景内容为白色（R：255，G：255，B：255），尺寸宽为750像素、高为900像素。

步骤2：新建图层，选择"矩形选框工具"，在上面绘制矩形选区，填充为深青色（R：12，G：71，B：72），同理，绘制矩形，填充为米黄色（R：251，G：240，B：219）。

制作商品
信息图

步骤3：选择"多边形工具"，把边调整为3，绘制三角形，填充为深青色（R：12，G：71，B：72），再输入文字"商品信息"，至此将有关标题部分的图层全部选中，按快捷键"CTR+G"进行分组，并命名为"title"，效果如图5.2.25所示。

图 5.2.25

步骤 4：使用"矩形工具"，绘制矩形，置入素材"练习素材 / 项目 5/03.jpg"，并创建剪贴蒙版，效果如图 5.2.26 所示。

图 5.2.26

步骤 5：选择"横排文字工具"，字体为微软雅黑，中文字号为 14 点，英文字号为 7 点，字体颜色为黑色（R：1，G：1，B：1），输入"商品编号、商品成分、商品颜色"等相关文字，效果如图 5.2.27 所示。

图 5.2.27

步骤 6：使用"矩形工具"，绘制小矩形，填充为灰色（R：171，G：171，B：171），复制相关矩形，注意每行有一个小矩形的颜色为深青色（R：45，G：167，B：168）。

步骤 7：置入"练习素材 / 项目 5"中的素材"14.jpg"、"15.jpg"，再按"Ctrl+T"快捷键，调整图片的大小，效果如图 5.2.28 所示。

图 5.2.28

步骤8：使用"矩形工具"，绘制矩形，填充为深青色（R：45，G：167，B：168），描边为灰色（R：201，G：201，B：200），复制矩形，改颜色为深灰色（R：220，G：220，B：220），再复制矩形，填充为灰色（R：236，G：236，B：236）。重复前面两个步骤，效果如图5.2.29所示。

图 5.2.29

步骤 9：选择"直线工具"，填充颜色为灰色（R: 201, G: 201, B: 200），粗细大小为 1 像素，绘制直线，使用"Ctrl+J"快捷键复制 5 条直线，进行调整宽度，效果如图 5.2.30 所示。

图 5.2.30

步骤 10：选择"横排文字工具"，字体为微软雅黑，字号为 15 点，输入相关文字，保存为 jpg 格式，最终效果如图 5.2.31 所示。

图 5.2.31

活动评价

经过不断的修改，晓玲和她的团队完成了女装商品信息图的制作，让卫衣的信息介绍更完整，使买家更了解商品。同时，在制作过程中考验了团队 PS 操作的耐心与细致。

综合案例

案例名称：文创产品店铺装修——制作商品信息图。

案例背景：黄巧团队完成了商品卖点图制作，接下来制作商品信息图，延续买家对该商品的兴趣，从而达到提升流量转化的目的。

实训目的：掌握商品信息图的设计和制作。

实训要求：

①商品信息清晰明了，准确描述商品的特性。

②打开素材"综合案例素材/项目 5/ 商品 1.jpg"，根据效果图制作文创产品的商品信息图，效果如图 5.2.32 所示。

综合案例：制作商品信息图

图 5.2.32

活动 5　制作商品展示图

活动背景

晓玲和她的团队完成了女装详情页中商品信息模块的制作，为了让顾客更全面、更直观地了解到商品的实际效果，因此，根据商品详情页的规划，接下来晓玲就要跟团队一起完成商品展示模块的制作，完成效果如图 5.2.33 所示。

图 5.2.33

活动实施

步骤1：新建文件，宽度为750像素，高度为3500像素，分辨率为72像素/英寸，颜色模式为RGB颜色，设置背景颜色为白色（R：255，G：255，B：255）。

步骤2：制作标题信息，此处可复制商品信息模块中的"title"分组，修改其中的文字图层内容为"商品展示"。

步骤3：使用"矩形工具"，分别绘制4个矩形，填充为黑色（R：0，G：0，B：0），调整好合适的大小，并对齐处理。

步骤4：选择其中一个矩形，在其上方置入素材"练习素材/项目5/04.jpg"，选择该图片所在的图层，单击右键选择"创建剪贴蒙版"。创建一文字图层，选择字体为微软雅黑，字号为40点，在图片底部添加文字说明"正面"。效果如图5.2.34所示。

步骤 5：按上述步骤操作，继续置入"练习素材 / 项目 5"中的 05.jpg，06.jpg，07.jpg

制作商品
展示图

图片,分别展示上衣的背面图、模特正面和背面图,并添加相应的说明文字。最终完成了该展示模块的设计与制作。

图 5.2.34

活动评价

晓玲及其团队通过学习,基本掌握了展示图片的方法和技巧,最终完成了商品展示模块的内容,从而更好地满足了顾客的需求。

综合案例

案例名称: 文创产品详情页制作——制作商品展示模块。

案例背景: 黄巧团队完成了商品信息图制作,为了更好地让买家对商品有一个直观的感觉,她们开始商品展示模块的制作。

实训目的: 掌握商品展示模块的制作。

实训要求:

①商品展示模块能全方位、多角度展示商品, 并添加相应的素材作为装饰和点缀。

②利用本书提供的素材,发挥创意,制作文创产品的展示模块,效果如图5.2.35 所示。

综合案例:制作
商品展示模块

图 5.2.35

活动 6　制作商品细节图

活动背景

晓玲深知,通过商品的细节展示可以让顾客更全面地了解和熟悉这个商品。只有这样,才能最终促使顾客下单购买。因此,晓玲及其团队在制作前,从顾客的角度出发,认真做了规划和准备。接下来,晓玲就跟其团队一起尝试完成细节展示部分的设计与制作。完成效果如图 5.2.36 所示。

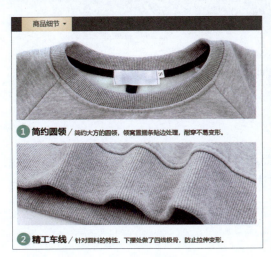

图 5.2.36

活动实施

步骤 1:新建文件,宽度为 750 像素,高度为 1700 像素,分辨率为 72 像素 / 英寸,颜色模式为 RGB 颜色,设置背景颜色为白色(R: 255,G: 255,B: 255)。

步骤 2:制作标题信息,此处可复制商品展示模块中的 "title" 分组,修改其中的文字图层内容为 "商品细节"。

制作商品
细节图

步骤 3:使用 "矩形工具" 绘制矩形,填充颜色为黑色(R: 0,G: 0,B: 0),在其上方置入图片素材 "练习素材 / 项目 5/08.jpg",并单击右键,选择 "创建剪贴蒙版"。

步骤 4:制作文案部分效果。使用 "椭圆工具" 绘制圆形,填充青绿色(R: 45,G: 167,B: 168)。

步骤 5:利用 "横排文字工具",选择字体为 "微软雅黑",字体颜色为黑色(R: 0,G: 0,B: 0),标题字号为 30 点,标题以外的文字大小为 20 点。输入相关文字,利用 "直线工具" 绘制斜线进行点缀。最后将此部分图层合并为一个组,命名为 "细节 1"。效果如图 5.2.37 所示。

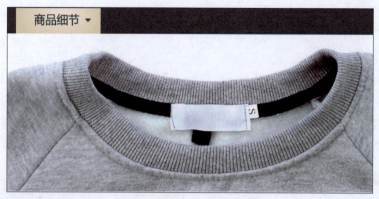

图 5.2.37

步骤 6：产品其他细节部分的设计可以直接复制细节 1，并修改相应的图片和文案。在此就不再一一赘述。

活动评价

晓玲及其团队通过学习，基本掌握了商品细节展示的方法和技巧，从中也学会了利用"矩形工具"对商品详情页进行布局排版的方法，最终顺利地完成了商品细节模块的制作。

综合案例

案例名称： 文创产品详情页制作——制作商品细节模块。

案例背景： 黄巧团队完成了商品展示模块制作，为了让买家更深入地了解商品，促进成交，接下来制作商品细节模块。

实训目的： 掌握商品细节模块信息的设计和制作。

实训要求：

①根据商品特点选择设计方式。

②打开素材"综合案例素材 / 项目 5/ 商品 4.jpg"，根据效果图制作文创产品的商品细节模块，效果如图 5.2.38 所示。

综合案例：制作
商品细节模块

图 5.2.38

活动 7 制作温馨提示图

活动背景

晓玲及其团队已经完成了商品细节的规划和设计，接下来为了让顾客对售后及色差等问题有个更全面的了解，因此晓玲和她的团队还准备完成温馨提示模块的制作。完成效果如图 5.2.39 所示。

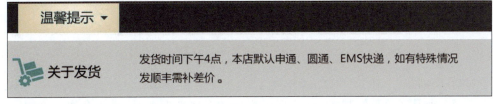

图 5.2.39

活动实施

步骤1：根据前面所述方法，制作标题组内容。

步骤2：添加"练习素材/项目5/关于发货.png"图标，调整大小及其位置。

步骤3：使用"横排文字工具"，选择字体为"微软雅黑"，字体颜色为黑色（R：0，G：0，B：0），字号为25点，录入"关于发货""关于色差"和"售后服务"等信息内容，并相应的调整其格式。

制作温馨
提示图

步骤4：使用"矩形工具"，填充为灰色（R：236，G：236，B：236），绘制一条矩形，效果如图5.2.40所示。

图 5.2.40

步骤5：使用同样的方法完成"关于色差"和"售后服务"部分的制作，最后选择相应图层，作对齐处理并最终完成该模块内容的制作。

活动评价

经过不断的修改，晓玲和她的团队最终完成了女装详情页的制作，明白了在设计时要合理取舍内容和安排顺序，协调图片与文案排版，重点挖掘本款女装的卖点，这样才能吸引顾客，提高商品的转化率。

综合案例

案例名称： 文创产品详情页制作——制作商品温馨提示模块。

案例背景： 黄巧完成了商品细节模块制作，最后制作商品温馨提示模块。

实训目的： 掌握商品温馨提示模块的制作。

实训要求：

①商品温馨提示模块要包括物流、售后等信息。

②根据效果图制作文创产品的温馨提示模块，效果如图 5.2.41 所示。

综合案例：制作商品温馨提示模块

图 5.2.41

合作实训

学习了商品详情页的制作流程，通过提供的合作实训素材，小组合作讨论制订营销方案并制作商品详情页商品描述图，要求如下：

①制作商品详情页：要求宽度为 750 像素，高度不限。

②商品详情页风格要与店铺整体风格一致。

③突出商品卖点。

项目总结

　　本项目以详情页的设计为主线,以商品详情页的规划、展示模块、制作流程等的具体设计为内容,目的是为初学者弄清楚商品详情页设计的主要工作内容和设计方法,为美工实务者后续学习培养良好的设计理念和技术基础,培养良好的审美观和艺术欣赏能力。

项目检测

1. 单项选择题

(1) 淘宝规定详情页(宝贝详情页设计区域)的最大宽度是(　　　)像素。

　　A. 750　　　　　B. 950　　　　　C. 1 200　　　　　D. 850

(2) 天猫商城规定详情页(宝贝详情页设计区域)的最大宽度是(　　　)像素。

　　A. 750　　　　　B. 790　　　　　C. 1 200　　　　　D. 850

(3) 详情页设计后要进行切割的原因是(　　　)。

　　A. 增加图片的数量　　　　　　B. 加快图片的下载速度

　　C. 减小图片的总大小　　　　　D. 让图片减小色差

(4) 下列关于详情页字体的说法中,不正确的是(　　　)。

　　A. 为了能吸引人眼球,字体越大越好

　　B. 重点的部分要放大突出

　　C. 字体颜色的深浅,不宜过于复杂,影响阅读

　　D. 字体的选择要符合产品的定位

(5) 下列关于商品详情页的说法不合理的是(　　　)。

　　A. 好的商品详情页是详细的产品说明书

　　B. 好的商品详情页方方面面都要完美展示,不必考虑页面长度

　　C. 好的商品详情页是一个优秀的销售员

　　D. 好的商品详情页是完美的形象展示

2. 多项选择题

(1) 要充分了解自己的商品并能够合理地展示商品的特点,要做到(　　　)。

　　A. 充分做好前期准备　　　　　B. 仔细设计商品展示

　　C. 商品的完好性　　　　　　　D. 强调商品的特色

(2) 商品详情页一般包括(　　　)。

　　A. 服务信息　　　　　　　　　B. 物流信息

　　C. 店铺及产品的相关推荐　　　D. 产品基本描述

(3) 商品详情页一般需要提供(　　　)。

　　A. 商品总体图　　　　　　　　B. 细节图

　　C. 场景图　　　　　　　　　　D. 消费者感受图

(4)服饰类详情页一般包括(　　　)。

  A. 商品参数　　　　　　　B. 商品展示

  C. 发货物流　　　　　　　D. 商品尺寸

(5)关于商品详情页中的字体,正确的是(　　　)。

  A. 字体在详情页中间会起到对商品的解释说明作用

  B. 方便顾客阅读和引导重要信息的作用

  C. 在内页从上到下的延续作用

  D. 需要使用多种字体和字号,强化页面内容,提高转化率

3. 判断题

(1)能够让页面更生动的排版方法是根据商品的特点来调整模块的长度和高度,让它有次序和规律地进行错位。　　　　　　　　　　　　　　(　　　)

(2)在设计中一个店铺可以有多种颜色,颜色越多越好。　　　(　　　)

(3)商品详情页设计中最好的办法就是把所有的图片都放到网上,这样的设计既简单又省时间。　　　　　　　　　　　　　　　　　　　　(　　　)

4. 简述题

(1)简述商品描述中的 6 个模块名称及其作用。

(2)简述商品详情页的制作流程。

项目 6

手机端淘宝店铺装修

项目综述

  随着移动网络的发展和手机的普及，人们在生活中使用手机的频率越来越高，使用手机浏览并购买淘宝网店商品的人数也逐渐增加。国家统计局数据显示，2021 年，全国网上零售额达 13.1 万亿元，同比增长 14.1%，增速比上年加快 3.2 个百分点，其中移动端占据绝大部分的交易。相信大家对淘宝手机端的消费力都有目共睹，手机上网购物已经成为当前的购物趋势。对于卖家来说，如果现在还没有做好手机端的设置和推广，那么就要被淘汰。因此，在对淘宝网店装修时，除了对 PC 端进行装修外，手机端也是不容忽视的一部分。

  在进行网店装修前，晓玲先学习手机端的基础知识。手机端和 PC 端店铺的装修类似，卖家登录手机端淘宝后，可以随时随地在手机上完成店铺装修、商品管理、店铺运营和商品推广等操作。

项目目标

通过本项目的学习，应达到的具体目标如下：

知识目标
- 了解手机端淘宝的作用
- 理解手机网店装修的重要性

能力目标
- 能设计和制作手机端首页
- 能设计和制作手机端详情页

素质目标
- 培养良好的统筹规划能力
- 培养举一反三的逻辑思维能力
- 培养劳动意识
- 提高学生对传统文化的自信

项目思维导图

项目 6　手机端淘宝店铺装修

- 任务 1　手机端淘宝店铺初识
  - 活动 1　使用轮播海报模块
  - 活动 2　使用系列主题商品模块
  - 活动 3　使用新版直播模块
- 任务 2　手机端淘宝店铺首页装修
  - 活动 1　制作店铺创意海报
  - 活动 2　制作优惠券
  - 活动 3　制作新品推荐模块
  - 活动 4　制作爆款热卖模块
  - 活动 5　制作精品推荐模块
- 任务 3　手机端详情页制作
  - 活动 1　认识手机端详情页制作的规范
  - 活动 2　导入 PC 端详情页

任务 1　手机端淘宝店铺初识

情境设计

晓玲的 PC 端淘宝网店已经开起来了, 她听朋友说手机端淘宝也能带来很多的流量和销售额。为了提高网店销售额, 晓玲开始从互联网上查阅手机端淘宝的相关资料。

任务分解

手机端淘宝店铺装修新增加的主要模块分为 3 个: 轮播海报模块、系列主题宝贝模块、新版直播模块。

活动 1　使用轮播海报模块

活动背景

晓玲了解到轮播海报模块是基础图文类模块之一, 可以放置 4 张相同尺寸的海报, 每张海报可以单独链接跳转界面, 方便店家展示多种宣传内容。

活动实施

步骤 1：了解轮播海报模块使用场景。

适用于一组商品或者同一主题海报的展示，但要注意每张图片的尺寸要保持一致。

步骤 2：轮播海报模块使用步骤。

步骤 3：打开手机端装修页面"容器界面"，选择"图文类"下面的"轮播海报模块"，并拖拽至装修预览界面，效果如图 6.1.1 所示。

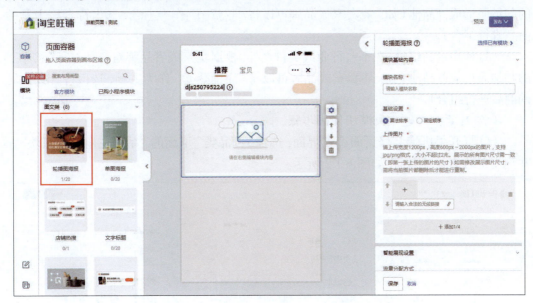

图 6.1.1

步骤 4：在右侧输入模块名称，上传海报图并设置好每个海报图对应的跳转链接。

步骤 5：点击下方的"保存"按钮。

活动评价

晓玲通过实践操作，设置了自己店铺的轮播海报模块，更好地帮助来访顾客快速了解到店铺的宣传内容。

活动 2　使用系列主题商品模块

活动背景

通过调查，晓玲了解到系列主题宝贝模块是新推出的货架类模块，可以组合同类型的商品，从而自动生成微详情页作为二跳页，相对于智能商品推荐模块，该模块更强调同类型商品系列的展示。

活动实施

步骤 1：了解系列主题商品模块使用场景。

（1）系列商品组货：在平台行业或类目之外，根据卖家或者品牌对商品进行"系列"的归纳而形成商品池（如：某连衣裙在平台类目结构中属于"女装"，但卖家或品牌可以将它归纳到"春装系列"）。

（2）主题商品组货：在平台行业或类目之外，根据卖家或者品牌对商品进行"主题"的归纳而形成商品池（如：某卖家或品牌可以将"年货节"作为主题，选出符合该主题的商品进行组合）。

（3）榜单商品组货：在平台行业或类目之外，根据卖家或者品牌对商品进行"榜单"的归纳而形成商品池（如：某卖家或品牌可以将"店铺热卖"作为主题，选出符合该主题的商品进行组合）。

步骤 2：系列主题宝贝模块使用步骤。

（1）打开手机端装修页面容器界面，选择"商品类"下面的"系列主题宝贝模块"，并拖动至装修预览界面，如图 6.1.2 所示。

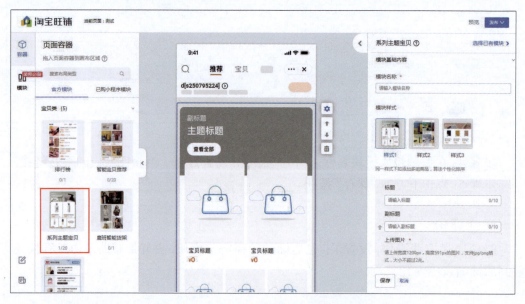

图 6.1.2

（2）在右侧输入模块名称，选择样式，并输入主题标题。

（3）上传对应主题标题的背景图，制作前注意背景图的尺寸。

（4）点击下方的"保存"按钮。

活动评价

晓玲通过实践操作，设置了自己店铺的系列主题商品模块，更好地帮助来访顾客快速找到满意的商品。

活动 3　使用新版直播模块

活动背景

通过调查，晓玲了解到新版直播模块深度融合了店铺和直播间，方便顾客快速找到直播入口，提升店铺直播观看量以及直播间到达率。

活动实施

步骤 1：新版直播模块功能介绍。

支持直播全新体验，只需在店铺首页下滑或者点击即可进入直播间。一个集团内的多间店铺的直播间也可以通过用户上下滑动浏览。

步骤 2：新版直播模块使用步骤。

不需要在旺铺设置，直播间开启时选择同步到店铺即可，如图 6.1.3 所示。

图 6.1.3

活动评价

晓玲通过实践操作，设置了自己店铺的新版直播模块，更好地帮助来访顾客快速进入直播间观看直播。

任务 2　手机端淘宝店铺首页装修

情境设计

晓玲通过网络和书籍认识到手机淘宝铺的相关知识后，认识到手机淘宝店铺的装修更加重要。她决定通过网络和书籍深入学习手机端淘宝的装修，通过手机端促成更多的交易。

任务分解 🛒

一番学习之后,晓玲打算将首页设计为5个部分:设计店铺创意海报、设计优惠券、设计新品推荐、设计爆款热卖、设计精品推荐。

活动 1　制作店铺创意海报

活动背景

一个好的店铺海报能够让买家更容易了解你的店铺卖的是什么,从某种意义上讲能够提高你的店铺浏览量从而提高你的商品销量,效果如图 6.2.1 所示。

图 6.2.1

活动实施

步骤 1:新建文件,颜色模式为 RGB 颜色,分辨率为 72 像素 / 英寸,背景内容为白色,宽为 1 200 像素、高为 1 530 像素。

步骤 2:置入素材"练习素材 / 项目 6/02.jpg"。

步骤 3:新建图层 1,使用"矩形工具",绘制宽度为 949 像素、高度为 559 像素的矩形,填充为深绿色(R: 53,G: 155,B: 158),描边白色(R: 255,G: 255,B: 255),降低透明度为 80%,放置在画布中间,如图 6.2.2 所示。

步骤 4:添加英文"FASHION PRODUCT",字体为 Arial,文字"拾光新品",字体为

制作店铺创意海报

微软雅黑,字号为 120 点,文字"最美的它装扮最美的你……",字体为微软雅黑,字号为 56 点,字体颜色为白色(R:255,G:255,B:255)。完成后保存文件,最终效果如图 6.2.1 所示。

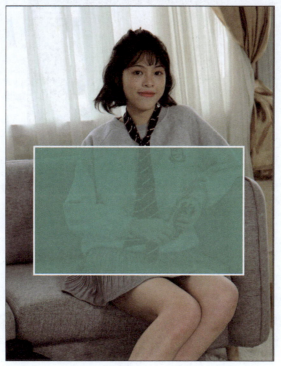

图 6.2.2

活动评价

晓玲通过实践操作,发现在店铺中添加海报,能使店铺促销信息一目了然、主题鲜明,能有效吸引买家的关注,提高店铺的销售量。

综合案例

案例名称: 文创产品店铺装修——制作首页海报。

案例背景: 首页海报往往能吸引买家的眼球,一张好的首页海报能让买家更快地了解店铺的主营商品。结合传统手艺,根据文创产品的内涵,黄巧团队需要根据"艺·尚"文创店的风格设计一张有吸引力、有营销效果的海报。

综合案例:
制作首页海报

实训目的: 掌握手机端首页海报的设计与制作。

实训要求:

①能够结合促销信息,凸显最新促销方案。

②能够发现商品的特点和卖点,突出文创产品内涵,结合本书提供的素材,设计店铺

手机移动端的创意海报，效果如图6.2.3 所示。

图 6.2.3

活动 2　制作优惠券

活动背景

晓玲从 PC 端店铺的优惠券活动中，体验了它带来的流量效果，现在，她将根据 PC 端店铺的优惠券图，设计符合手机端尺寸的优惠券，效果如图 6.2.4 所示。

图 6.2.4

活动实施

步骤1：新建文件，颜色模式为RGB颜色，分辨率为72像素/英寸，背景内容为白色，宽为1 200像素，高为296像素。

步骤2：使用"矩形工具"绘制一个宽度为306像素，高145像素的矩形，填充为蓝绿色（R: 45, G: 167, B: 168）。

制作优惠券

步骤3：使用"矩形工具"绘制一个宽度为 280 像素，高度125 像素的矩形，填充为浅蓝色（R: 211, G: 244, B: 244），使用"椭圆工具"，选择"减去顶层形状"，在矩形 2 左侧绘制圆形，并使用"路径选择工具"，按住"Alt"键的同时拖拽复制圆形到矩形 2 的右侧，然后为矩形 2 添加"投影"样式，如图 6.2.5 所示。

步骤4：使用"横排文字工具"，将以下文字信息输入在浅色矩形框中，并使用"直线工具"在"每满300减30"的文字下方绘制一条灰色虚线，如图6.2.6所示。

图 6.2.5　　　　　　　　　　图 6.2.6

步骤 5：使用"圆角矩形工具"在"满 300 元可使用"文字下方绘制一个圆角矩形，填充渐变颜色，由淡黄色（R：246，G：233，B：203）到淡黄色（R：255，G：247，B：233），添加图层样式，具体参数如图 6.2.7 所示。

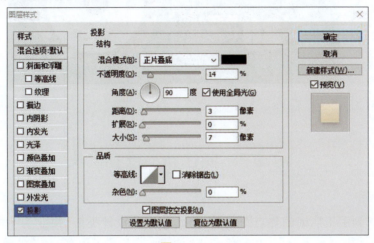

图 6.2.7

步骤 6：使用"横排文字工具"，将以下文字信息输入在优惠券中，并使用"圆角矩形工具"，填充为"无填充"，描边为白色（R：255，B：255，B：255），粗细为 1 像素，在相应文字周围绘制圆角矩形，如图 6.2.8 所示。

步骤 7：将上述所有图层合并为一个组，复制 2 次，将另外两张优惠券并列放置于空白处。完成后保存文件，最终效果如图 6.2.4 所示。

图 6.2.8

活动评价

为了方便顾客领取和使用优惠券，优惠券的设计也必须要花些心思，不仅要第一时间能抓住客户的注意力，还要清晰明了，才能对店铺的运营起到更好的效果。

综合案例 🛒

案例名称：文创产品手机移动端店铺装修——制作优惠券。

案例背景：黄巧团队完成了手机端首页海报的制作，现在根据 PC 端的优惠券内容，制作文创产品手机移动端店铺优惠券。

实训目的：掌握手机移动端店铺优惠券的制作。

综合案例：
制作优惠券

实训要求:

①能够结合商品特点和首页的整体风格来设计,内容完整,设计新颖。

②结合店铺的促销计划和具体的优惠措施,设计一组优惠券,券额合理,结合本书提供的素材,设计店铺手机移动端的优惠券,效果如图 6.2.9 所示。

图 6.2.9

活动 3　制作新品推荐模块

活动背景

晓玲了解到手机店铺的焦点图和 PC 端海报图的设计类似,决定为手机端制作一张新品推荐图。手机屏幕比较小,在配色和排版方面,晓玲做了更多的了解,效果如图 6.2.10 所示。

图 6.2.10

活动实施

步骤 1：新建文件，颜色模式为 RGB 颜色，分辨率为 72 像素 / 英寸，背景内容为白色，宽为 1 200 像素、高为 1 804 像素。

步骤 2：使用"矩形工具"绘制矩形，填充为白色（R：255，G：255，B：255），描边土黄色（R：232，G：215，B：178），大小为 8 像素，放置在画布的上部分。

制作新品
推荐模块

步骤 3：添加文字"学院风 PREEPY LOOK"，字体为微软雅黑，字号为 73 点，颜色为深绿色（R：6，G：76，B：77）；添加文字"一种衣服代表一种生活方式 如果说小黑裙代表优雅 那么卫衣便是代表洒脱 优雅和洒脱就像硬币的两面 并行不悖 缺一不可" 字体为微软雅黑，字号为 24 点，颜色为灰色（R：86，G：86，B：86），如图 6.2.11 所示。

步骤 4：使用"矩形工具"，填充为白色（R：255，G：255，B：255），无描边，绘制白色（R：255，G：255，B：255）矩形。

步骤 5：置入素材"练习素材 / 项目 6/06.jpg"，将模特图放置矩形方框中，为模特图创建剪贴蒙版，调整好图片大小以显示整个模特图，效果如图 6.2.12 所示。

图 6.2.11

图 6.2.12

步骤 6：重复步骤 4、5，绘制 2 个矩形，分别拖进模特图，创建剪贴蒙版。

步骤 7：使用"矩形工具"，填充为深绿色（R：45，G：167，B：168），无描边，绘制矩形方框放置在图层 2 下方作为画面装饰。

步骤 8：在画布上方编辑文字"新品推荐"，字体为微软雅黑，字号为 43 点；英文"NEW PRODUCT"，字体为 Arial，字号为 30 点，并在英文下方添加矩形方框，填充为深绿色（R：6，G：76，B：77），效果如图 6.2.13 所示。

图 6.2.13

步骤 9: 新建图层, 使用 "矩形工具" 绘制浅黄色 (R: 226, G: 214, B: 189)、无描边的矩形方框, 并添加英文 "NEW ARRIVED", 字体为 Arial, 字号为 67 点, 填充为白色 (R: 255, G: 255, B: 255), 放置在画布右下角。完成后保存文件, 最终效果如图 6.2.10 所示。

活动评价

通过本次活动, 晓玲为自己的店铺设计并添加了手机端的新品推荐模块, 完善了店铺首页的装修。在作图过程中, 进一步锻炼了海报图的设计技能和排版技巧。

综合案例

案例名称: 文创产品手机端店铺装修——制作新品展示模块。

案例背景: 黄巧团队完成手机移动端的店铺优惠券后, 现在需要根据销售商品的文化内涵, 创意设计手机端首页新品展示模块。

实训目的: 掌握手机移动端新品展示模块的制作。

实训要求:

①新品展示模块要突出新品的特点以及细节。

②根据效果图设计文创产品新品展示模块, 效果如图 6.2.14 所示。

综合案例: 制作新品展示模块

图 6.2.14

活动 4　制作爆款热卖模块

活动背景

晓玲在装修手机店铺时想要更灵活地展示信息, 摸索之后, 发现可以利用自定义模块灵活地呈现信息, 更好地展示店铺活动和商品, 因此晓玲根据 PC 端的效果制作爆款热卖模块, 效果如图 6.2.15 所示。

图 6.2.15

活动实施

步骤1：新建文件，颜色模式为RGB颜色，分辨率为72像素/英寸，背景内容为白色，宽为1 200像素、高为1 389像素。

步骤2：新建图层，填充为浅绿色（R：100，G：192，B：193）。

步骤3：在矩形上方添加文字"爆款热卖"，字体颜色为白色（R：255，G：255，B：255），字体为微软雅黑，字号为43点，文字两端对齐、添加英文"HOT PRODUCT"，字体为Arial，字号为30点，颜色为淡绿色（R：131，G：214，B：215）；使用"矩形工具"，填充为浅黄色（R：251，G：240，B：222），无描边，绘制矩形在文字下方作为装饰，效果如图6.2.16所示。

制作爆款
热卖模块

综合实例：制作
爆款热卖模块

图 6.2.16

步骤 4：置入素材"练习素材 / 项目 6/ 商品主图 .jpg"，复制 3 个，平均分布在画布上。完成后保存文件，最终效果如图 6.2.15 所示。

活动评价

晓玲通过添加自定义模块，为店铺首页添加了爆款热卖模块以及对应的超链接，更好地进行商品的引流和销售。

综合案例

案例名称：文创产品手机端店铺装修——制作爆款热卖模块。

案例背景：黄巧团队完成新品展示模块的制作，现在需要根据店铺销售的商品销量，挑选热卖商品，添加自定义模块，创意设计爆款热卖模块。

实训目的：掌握手机移动端爆款热卖模块的制作。

实训要求：

①熟悉店铺商品销售情况，突出热卖商品。

②根据效果图设计店铺爆款热卖模块，效果如图 6.2.17 所示。

图 6.2.17

活动 5　制作精品推荐模块

活动背景

晓玲已经完成了手机端的新品展示模块以及爆款热卖模块,接下来她还打算做一个手机端精品推荐模块,把店铺销量最高的商品推荐给顾客。效果如图 6.2.18 所示。

图 6.2.18

活动实施

步骤1:新建文件,颜色模式为RGB颜色,分辨率为72像素/英寸,背景内容为白色,宽为1 200像素、高为1 205像素。

步骤2:在画布上方添加文字"精品推荐",颜色为深绿色(R:6,G:76,B:77),字体"微软雅黑",字号43点,文字两端对齐、添加英文"BOUTIQUE RECOMMENDATION",字体"Arial",字号30点,颜色为深绿色(R:6,G:76,B:77);使用"矩形工具",填充为深绿色(R:6,G:76,B:77),无描边,绘制矩形在文字下方作为装饰,如图6.2.19所示。

制作精品
推荐模块

精品推荐
BOUTIQUE RECOMMENDATION

图 6.2.19

步骤 3:使用"矩形工具",绘制尺寸为 498 像素 ×770 像素和 498 像素 ×610 像素的两个矩形，填充为黑色（R：0，G：0，B：0），无描边。

　　步骤 4：置入"练习素材 / 项目 6"中的素材"01.jpg"和"06.jpg"，将模特图放置矩形方框中，分别为模特图创建剪贴蒙版，调整好图片大小以显示整个模特图。

　　步骤 5：在图片下方添加文字"学院风圆领徽章加厚卫衣"，字体"微软雅黑"，字号24 点，黑色（R：0，G：0，B：0）；添加文字"RMB 299"，字体为"Arial"，字号为"24 点"，黑色（R：0，G：0，B：0），效果如图 6.2.20 所示。

图 6.2.20

　　步骤 6：新建图层，使用"矩形工具"，绘制尺寸为 498 像素 ×610 像素的矩形，描边淡绿色（R：131，G：214，B：215），无填充，放置在图层 1 的下方。完成后保存文件，最终效果如图 6.2.18 所示。

活动评价

　　晓玲通过实践操作，完成了商品推荐模块。整个画面的布局需要根据顾客的浏览习惯，引导顾客浏览店铺商品，增加店铺商品的曝光率，从而提高商品的转化率。

综合案例

　　案例名称：文创产品手机端店铺装修——制作精品推荐模块。

　　案例背景：黄巧团队完成爆款热卖模块的制作，现在根据 PC 端店铺首页设计内容，创意设计手机移动端精品推荐模块。

　　实训目的：掌握手机移动端精品推荐模块的制作。

　　实训要求：根据效果图设计店铺精品推荐模块，如图 6.2.21 所示。

综合案例：制作
精品推荐模块

图 6.2.21

 任务3　手机端详情页制作

 情境设计 🛒

　　晓玲的手机端淘宝首页装修好了，接下来要制作手机端详情页。PC 端商品已经有详情页，是不是可以直接导入手机端呢？需要重新制作手机端详情页吗？

任务分解 🛒

　　此任务分为 3 个活动：认识手机端详情页的制作规范、导入 PC 端详情页、生成手机端详情页。

活动1　认识手机端详情页制作的规范

活动背景

　　晓玲通过网络、书籍等途径认真学习了制作手机端详情页的相关知识，了解到手机端详情页和 PC 端详情页有所区别。

活动实施

手机端详情页和 PC 端详情页的设计理念是不一样的。PC 端使用的是横屏思维,即采用极简的横屏设计,层次分明;而手机端使用的是竖屏新思维,使用竖屏设计方法。手机端详情页具有一定的设计规范。

1. 基本要求

手机端详情页总容量为图片 + 文字,大小 ≤ 1.5 MB,其中图片仅支持 .jpg, .gif, .png 格式。

2. 图片要求

(1)单张图片宽度为 480~1 500 像素,图片宽度建议上传 750 像素。

(2)单张图片高度 ≤ 2 500 像素。

(3)图片 ≤ 10 MB。

3. 文字要求

(1)文字 ≤ 5 000 字,文字比较多时,建议使用纯文本的方式编辑。

(2)中文字 ≥ 30 号字,英文和阿拉伯数字 ≥ 20 号字。

①大标题字体建议 24~30 像素。

②小标题字体建议 16~18 像素。

③正文字体建议 12~14 像素。

活动评价

晓玲通过实践操作,熟悉制作手机端详情页的规范。

活动 2　导入 PC 端详情页

活动背景

晓玲的淘宝店生意比较好,但由于没有足够的时间制作手机端详情页,因此想通过其他方式导入 PC 端原有的商品详情页。

活动实施

步骤 1:登录 PC 端淘宝,进入"卖家中心",在"商品"左边栏框中单击"我的宝贝"超链接,如图 6.3.1 所示。

步骤 2:在"出售中的商品"页面中,选择一款需要导入手机端详情页的商品,在商品的右栏中单击"编辑商品"超链接。

步骤 3:进入商品的编辑页面,向下拖动页面至"手机端描述",单击"导入电脑端描述",再单击"确认生成",就可以看到手机端生成了与 PC 端相同的商品详情页,如图 6.3.2 所示(注:使用此功能将清除之前的手机版商品描述,并生成新的商品详情页)。

图 6.3.1

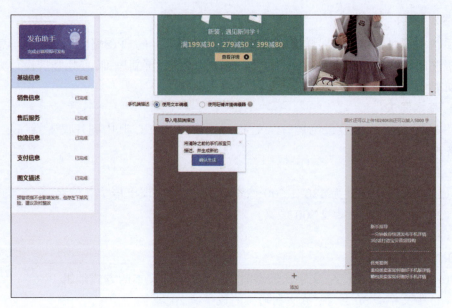

图 6.3.2

活动评价

通过导入 PC 端详情页这个活动,使手机端能够快速地使用原来 PC 端的详情页内容,从而避免重复设计,节省了大量的时间和人力。

综合案例

案例名称: 文创产品店铺装修——制作手机端详情页。

案例背景: 黄巧团队完成了手机端首页的制作,接着开始设计手机端详情页,以便让买家在手机端也能够很好地浏览与 PC 端详情页一致的商品详情信息。

实训目的: 掌握手机端详情页的制作。

实训要求:

①从 PC 端导入详情页。

②使用模板制作详情页。

合作实训

学习了店铺手机移动端首页的整体装修之后,请以小组为单位进行合理分工,通过提供的合作实训素材制作手机移动端首页海报、优惠券、新品推荐海报,要求如下:

①设计符合店铺风格以及宣传理念的手机端首页海报。

②根据店铺的优惠,设计主题统一的优惠券。

③设计的手机端新品推荐、爆款热卖和精品推荐等海报。

项目总结 🛒

　　通过本项目的操作与实施，学生可理解手机端淘宝的重要性，详细地掌握手机端淘宝的相关操作，能够进行手机淘宝店铺首页装修和商品详情页制作，锻炼统筹规划能力和分工协作能力，为接下来的项目开展奠定基础，迈出成功创业的第一步。

项目检测 🛒

1. 单项选择题

　　(1) 手机端淘宝是淘宝网官方出品的手机应用软件，整合旗下团购商品于一体。请问以下哪个项目没有包含在手机端淘宝里？(　　　)

　　　　A. 天猫　　　　B. 聚划　　　　C. 淘宝商城　　　D. 苏宁易购

　　(2) 手机端淘宝详情页中图片总大小不能大于(　　　)MB。

　　　　A. 20　　　　B. 15　　　　C. 10　　　　D. 5

　　(3) 实名认证后发布(　　　)件商品就可以申请免费开店。

　　　　A. 5　　　　B. 6　　　　C. 8　　　　D. 10

　　(4) 如果顾客已经进入付款环节，卖家需要等待多久才可以修改交易价格？(　　　)

　　　　A. 立刻　　　　B. 10 分钟　　　C. 15 分钟　　　D. 24 小时

　　(5) 下列哪种方式不属于淘宝店铺卖家发布新品时的选择项？(　　　)

　　　　A. 设定　　　　B. 上架　　　　C. 放入仓库　　　D. 立刻

2. 多项选择题

　　(1) 手机端装修要点主要包括(　　　)。

　　　　A. 商品内容简洁　　　　　　B. 注重首页装修

　　　　C. 注重图片大小　　　　　　D. 注重色彩搭配

　　(2) 手机端淘宝买家版有哪些优势？(　　　)

　　　　A. 购物比价　　　　　　　　B. 商品筛选

　　　　C. 阿里旺旺聊天　　　　　　D. 货源采购一站搞定

　　(3) 电子商务的三大瓶颈包括(　　　)。

　　　　A. 诚信　　　　B. 货源　　　　C. 支付　　　　D. 物流

　　(4) 属于发货这一物流过程的环节是(　　　)。

　　　　A. 包装　　　　B. 检验　　　　C. 运输　　　　D. 配送

　　(5) 下列哪个店铺适合交换友情链接？(　　　)

　　　　A. 客户群相近的店铺　　　　B. 商品相同的店铺

　　　　C. 商品有关联的店铺　　　　D. 人气店铺

3. 判断题

（1）手机端关键词与 PC 端关键词在设置上是一样的。 （   ）

（2）手机端淘宝卖家版有数据助力决策经营优势。 （   ）

（3）手机端详情页和 PC 端详情页的设计理念是不一样的，PC 端采用的是横屏设计。 （   ）

4. 简述题

（1）简述手机端淘宝和 PC 端淘宝的区别。

（2）手机端淘宝装修时要注意哪些内容？

项目 7

综合案例制作

项目综述

晓玲对"拾光"淘宝网店不断地进行装修，既注重美化商品图片、策划有吸引力的优惠活动、制作有吸引力的活动图，全面地对网店首页和详情页进行了装修，还推出了手机端网店。至今，网店生意蒸蒸日上，日访问量达 500 IP，月销售订单 688 件，销售额 20 000 元。在新冠肺炎疫情期间，成功帮助父母扩大经营。

晓玲将成功的喜悦和经验分享给工艺美术专业的好朋友，此时，好朋友正在苦恼一件事情。她经过两年的专业学习，设计了一批精美的非遗文化产品，每件产品都是她花费大量时间研究中国非遗文化后精心设计的，每件产品诉说着一个动人的中国故事和文化。经过商议，晓玲决定帮助好朋友销售她的文创产品，让更多人知道中国的故事、学习中国的文化、购买中国制造的文创产品。

项目目标

通过本项目的学习，应达到的具体目标如下：

知识目标

- 了解不同产品的文化内涵
- 综合理解店铺装修的过程

能力目标

- 能独立完成 PC 端店铺的设计和制作
- 能独立完成手机端店铺的设计和制作

素质目标

- 培养团队协作精神
- 培养分析和解决问题的能力
- 培养劳动意识
- 提升爱国情怀和文化自信

| 项目7 综合案例制作 | 任务 网店装修综合案例制作 | 活动1 装修案例首页 |
| | | 活动2 装修案例详情页 |

任 务　网店装修综合案例制作

情境设计

晓玲指导好朋友注册了淘宝账户和支付宝账户,成功完成店铺开张,将店铺名定为"时刻工艺品"。接下来,她将完成 PC 端首页装修和 PC 端详情页装修。

任务分解

晓玲梳理了之前开店的过程,决定先设计PC端店铺首页装修图和PC端详情页装修。

活动1　装修案例首页

活动背景

晓玲重新梳理,认识到 PC 端首页装修需要设计页头、促销模块、商品推荐模块,内容包含店招、导航条、首页海报、优惠券、新品推荐、爆款热卖推荐、精品推荐等,如图 7.1.1 所示。

图 7.1.1

活动实施

步骤 1：制作店招。

（1）新建 RGB 文件，分辨率为 72 像素 / 英寸，宽度为 1 920 像素、高度为 120 像素，填充为淡黄色（R：251，G：242，B：228）背景。

（2）绘制店标，颜色为棕色（R：178，G：100，B：0）、黄色（R：255，G：182，B：0），输入店铺名。

（3）置入素材"练习素材 / 项目 7/ 小图标 .psd"，输入文字，效果如图 7.1.2 所示。

图 7.1.2

步骤 2：制作导航条。

（1）新建 RGB 文件，分辨率为 72 像素 / 英寸，宽度为 1 920 像素、高度为 30 像素，填充为背景色深棕色（R：76，G：55，B：21）。

（2）绘制矩形，填充为淡黄色（R：244，G：224，B：191）。

（3）输入文字，效果如图 7.1.13 所示。

图 7.1.3

步骤 3：制作首页海报。

（1）新建 RGB 文件，分辨率为 72 像素 / 英寸，宽度为 1 920 像素、高度为 768 像素。

（2）置入素材"练习素材 / 项目 7/ 场景图 .jpg"。

（3）绘制外圆形，填充为棕色（R：96，G：76，B：45），绘制内圆形，填充为深棕色（R：79，G：59，B：25），绘制矩形条，填充为淡棕色（R：177，G：107，B：21）、淡棕色（R：167，G：97，B：7）。

（4）选择"横排文字工具"，设置字体为"方正综艺简体"，输入文字，最终效果如图 7.1.4 所示。

图 7.1.4

步骤 4：制作优惠券。

（1）新建 RGB 文件，分辨率为 72 像素 / 英寸，宽度为 1 920 像素、高度为 441 像素，填充为淡黄色（R：251，G：242，B：228）。

（2）绘制三个矩形，填充为黄色（R：231，G：208，B：169）。

（3）绘制圆形，填充为深棕色（R：76，G：55，B：21）。

（4）选择"横排文字工具"，设置字体为"方正综艺简体"，字体颜色为深棕色（R：76，G：55，B：21）、浅棕色（R：178，G：100，B：0），输入优惠信息，效果如图 7.1.5 所示。

图 7.1.5

步骤 5：制作新品推荐。

（1）新建RGB文件，分辨率为72像素/英寸，宽度为1 920像素、高度为1 869像素，填充为淡黄色（R：251，G：242，B：228）。

（2）绘制矩形，宽度为1 920像素、高度为278像素，填充为深棕色（R：76，G：55，B：21）。

（3）绘制两个矩形，宽度为1 401像素、高度为761像素，填充为淡黄色（R：231，G：208，B：169）。

（4）绘制两个矩形，宽度为604像素、高度为604像素，填充为深棕色（R：76，G：56，B：21）。

（5）绘制两个矩形，宽度为 569 像素、高度为 533 像素，填充为径向渐变，颜色是浅黄色（R：240，G：223，B：195）、深棕色（R：237，G：218，B：186）。

（6）绘制不规则形状，填充为深棕色（R：76，G：55，B：21）、棕色（R：178，G：100，B：0）。

（7）打开"练习素材 / 项目 7/ 灯罩 1.png""练习素材 / 项目 7/ 灯罩 2.png"，抠出灯罩，拖动到新品推荐文件中。

（8）选择"横排文字工具"，设置字体为方正综艺简体，字体颜色为深棕色（R: 76, G: 55, B: 21）、浅黄色（R: 250, G: 233, B: 208），输入文字。

（9）补充其他图形和信息，最终效果如图 7.1.6 所示。

步骤 6: 制作爆款热卖模块。

（1）新建RGB文件，分辨率为72像素/英寸，宽度为1 920像素、高度为1 302像素，填充为淡黄色（R: 240, G: 223, B: 194）。

（2）绘制6个矩形，宽度为451像素、高度为451像素，填充为深棕色（R: 76, G: 56, B: 21）。

（3）绘制6个矩形，宽度为425像素、高度为397像素，填充径向渐变，颜色是浅黄色（R: 240, G: 223, B: 195）、深棕色（R: 237, G: 218, B: 186）。

图 7.1.6

（4）绘制不规则形状，填充为深棕色（R: 76, G: 55, B: 21）、棕色（R: 178, G: 100, B: 0）。

（5）打开"练习素材 / 项目 7/ 灯罩 1.png""练习素材 / 项目 7/ 灯罩 2.png""练习素材 / 项目 7/ 灯罩 3.png"，抠出灯罩，拖动到爆款热卖模块文件中。

（6）绘制其他图形，输入"爆款热卖"等文字，最终效果如图 7.1.7 所示。

图 7.1.7

步骤 7: 制作精品推荐模块。

（1）新建 RGB 文件，分辨率为 72 像素 / 英寸，宽度为 1 920 像素、高度为 1 223 像素，填充为淡黄色（R: 251, G: 242, B: 228）。

（2）绘制 6 个矩形，宽度为 451 像素、高度为 451 像素，填充为深棕色（R: 76, G: 56, B: 21）。

（3）绘制 6 个矩形，宽度为 425 像素、高度为 397 像素，填充径向渐变，颜色是浅黄色（R：240，G：223，B：195）、深棕色（R：237，G：218，B：186）。

（4）绘制不规则形状，填充为深棕色（R：76，G：55，B：21）、棕色（R：178，G：100，B：0）。

（5）打开"练习素材 / 项目 7/ 灯罩 1.png""练习素材 / 项目 7/ 灯罩 2.png""练习素材 / 项目 7/ 灯罩 3.png"，抠出灯罩，拖动到精品推荐模块文件中。

（6）绘制其他图形，输入"精品推荐"等文字，最终效果如图 7.1.8 所示。

图 7.1.8

活动评价

晓玲通过实践操作，帮助朋友设计页头、制作促销模块和商品推荐模块，并帮助上传图片，最终完成 PC 端的首页装修。

综合案例 🛒

案例名称： 综合案例制作——装修手机端首页。

案例背景： 晓玲帮助朋友开网店，已经成功完成 PC 端首页装修。

实训目的： 熟练掌握手机端首页装修的方法。

实训要求： 根据 PC 端首页装修效果图，调整尺寸，修改成手机端首页装修图。

活动 2　装修案例详情页

活动背景

晓玲重新梳理，认识到 PC 端详情页装修需要设计创意海报、制作商品卖点、商品信息、商品展示、商品细节和温馨提示等。

活动实施

步骤 1：设计创意海报。

（1）打开"练习素材 / 项目 7/ 海报 .jpg"。

（2）调整图像大小，宽度为 750 像素、高度为 334 像素。

步骤 2：制作商品卖点图。

（1）新建 RGB 文件，分辨率为 72 像素 / 英寸，宽度为 750 像素、高度为 653 像素，填充为淡黄色（R：251，G：242，B：228）。

（2）绘制矩形，宽度为 750 像素、高度为 50 像素，填充为深棕色（R：76，G：55，B：21）。

（3）打开"练习素材 / 项目 7/ 灯罩 2.png"，抠出灯罩，拖动到商品卖点文件中。

（4）绘制两个小矩形，宽度为 116 像素、高度 102 像素，填充为深棕色（R：76，G：55，B：21）。

（5）选择"横排文字工具"，字体为微软雅黑，输入商品卖点。

（6）绘制其他图形，输入"商品卖点"等文字，最终效果如图 7.1.9 所示。

步骤 3：制作商品信息图。

（1）新建 RGB 文件，分辨率为 72 像素 / 英寸，宽度为 750 像素、高度为 510 像素，填充为淡黄色（R：251，G：242，B：228）。

（2）绘制矩形，宽度为 750 像素，高度为 50 像素，填充为深棕色（R：76，G：55，B：21）。

（3）打开"练习素材 / 项目 7/ 灯罩 2.png"，抠出灯罩，拖动到商品信息文件中。

（4）选择"横排文字工具"，字体为微软雅黑，输入商品信息等文字。

（5）绘制其他图形，输入"商品信息"等文字，最终效果如图 7.1.10 所示。

图 7.1.9

图 7.1.10

步骤 4：制作商品展示图。

（1）新建RGB文件，分辨率为72像素/英寸，宽度为750像素、高度为685像素。

（2）打开"练习素材/项目7/场景图2.jpg"，拖动到商品展示文件中，调整到合适大小。

（3）绘制矩形，宽度为750像素、高度为50像素，填充为深棕色（R：76，G：55，B：21）。

（4）选择"直线工具"，颜色设置为深棕色（R：76，G：55，B：21），绘制两段横线和两段竖线。

（5）绘制其他图形，输入"商品展示""60cm"等文字，最终效果如图 7.1.11 所示。

步骤 5：制作商品细节图。

（1）新建RGB文件，分辨率为72像素/英寸，宽度为750像素、高度为1 622像素。

（2）绘制矩形，宽度为750像素、高度为50像素，填充为深棕色（R：76，G：55，B：21）。

（3）打开"练习素材/项目7/细节图1.jpg""练习素材/项目7/细节图2.jpg""练习素材/项目7/细节图3.jpg"，调整到合适的位置。

图 7.1.11

（4）绘制矩形选区，宽度为98像素、高度为180像素，填充为棕色（R：114，G：101，B：80），调整图层不透明度为70%。

（5）绘制矩形选区，宽度为28像素、高度为30像素，填充为棕色（R：114，G：101，B：80），设置颜色叠加效果，颜色为黄色（R：232，G：208，B：170）。

（6）绘制矩形选区，宽度为36像素、高度为36像素，填充为棕色（R：168，G：98，B：8），设置颜色叠加效果，颜色为黄色（R：232，G：208，B：170）。

（7）输入文字，字体为黑体，字体颜色为浅黄色（R：251，G：242，B：228）。

（8）选择"圆角矩形工具"，绘制直线，颜色为浅黄色（R：251，G：242，B：228）。

（9）同理，绘制其他矩形，输入商品细节。

（10）绘制其他图形，输入"商品细节"，最终效果如图 7.1.12 所示。

图 7.1.12

步骤 6：制作温馨提示图。

（1）新建 RGB 文件，分辨率为 72 像素 / 英寸，宽度为 750 像素、高度为 388 像素，填充为浅黄色（R：251，G：242，B：228）。

（2）绘制矩形，宽度为 750 像素、高度为 50 像素，填充为深棕色（R：76，G：55，B：21）。

（3）选择"圆角矩形工具"，绘制横线和竖线，颜色为浅黄色（R：240，G：206，B：151）。

（4）打开"练习素材 / 项目 7/ 小图标 2.psd"，导入图标素材。

（5）绘制其他图形，输入"温馨提示"和提示信息，最终效果如图 7.1.13 所示。

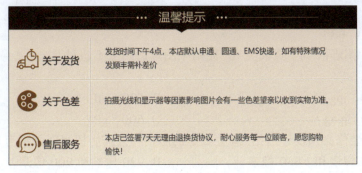

图 7.1.13

活动评价

晓玲通过实训，帮助朋友完成 PC 端详情页装修。

综合案例

案例名称：综合案例制作——装修手机端详情页。

案例背景：晓玲帮助朋友开网店，已经成功完成 PC 端首页装修、手机端首页装修、PC 端详情页装修。

实训目的：熟练掌握手机端详情页装修的方法。

实训要求：根据 PC 端详情页装修，导入手机端详情页。

合作实训

学习了店铺的 PC 端首页装修和详情页装修、手机端首页装修和详情页装修，请以小组为单位进行合理分工，开设店铺，要求如下：

①寻找身边的商品，拍摄商品图片。

②根据商品的文化内涵，取一个店铺名，完成店铺开张。

③设计店标。

④完成店铺 PC 端首页装修和详情页装修。

⑤完成手机端首页装修和详情页装修。

项目总结

通过本项目的学习，学生可重新梳理开网店的方法，会设计店标，能完成 PC 端首页装修、PC 端详情页装修、手机端首页装修和手机端详情页装修，设计出结构合理、美观大方的店铺。

项目检测

1. 单项选择题

（1）一般情况下，为了页面美观，促销区图片的高度不超过（　　　）像素，插入图片的格式为（　　　）。

A. 450、.jpg
B. 500、.gif
C. 550、.jpeg
D. 600、.gif

（2）网店装修必须设计店招，淘宝 C 店的店招和天猫店招宽度分别为（　　　）。

A. 950 像素和 1 050 像素
B. 920 像素和 900 像素
C. 950 像素和 990 像素
D. 750 像素和 100 像素

（3）商品的三要素除了商品名称、商品图片，还有（　　　）。

A. 商品价格
B. 商品描述
C. 商品推广
D. 商品特性

（4）商品的主图通常是正方形，淘宝官方的建议是 800 像素 ×800 像素 ~1 200 像素 ×1 200 像素。用相机拍摄的照片比例通常为 4：3，需要进行裁剪才能用于主图。剪裁图片时，选择裁剪工具，在选项栏中输入主图的尺寸宽度为（　　　）像素，高度为（　　　）像素，分辨率为（　　　）像素 / 英寸，拖动鼠标剪裁保存即可获得适合的主图。

A. 800、800、72
B. 1 200、1 200、300
C. 1 200、800、72
D. 800、1 200、300

（5）小吴家在秦岭山下，最近家中的鲜核桃成熟，小吴打算开一家淘宝 C 店，现在需要对整个店铺进行装修，请问小吴的店铺应该设计成什么风格呢？（　　　）

A. 主色调应该为土黄色，一方面代表大山，另一方面代表核桃皮的颜色，是一种朴实的乡村风
B. 主色调为白色，代表干净纯洁、简洁大方
C. 主色调为绿色，加核桃绿叶点缀，这样的风格与鲜核桃相得益彰，表示鲜核桃新鲜、绿色、无公害
D. 主色调为橙色，设计出一种活泼欢快的风格

2. 多项选择题

（1）网店的定位包括（　　　），只有将定位做好了，才能有条不紊地进行网店工作。

A. 店铺定位
B. 产品定位
C. 装修定位
D. 价格定位

（2）如何选择合适的店铺主推商品？（　　　）

A. 选择店铺热卖商品
B. 选择有一定利润空间的商品
C. 选择当季、合适的商品
D. 选择价格便宜的商品

（3）下面哪些不属于左侧模块？（　　　）

A. 搜索店内宝贝
B. 友情链接

C. 店铺交流区　　　　　　　　　D. 促销区

(4) 商品详情页的文案应该遵循以下哪些原则?(　　　)

A. 运用情感营销引发共鸣

B. 尽可能详细地阐述所有商品特点

C. 对卖点的提炼要简短易记并反复强调和暗示

D. 运用好 FAB 法则, 根据用户需求考虑产品卖点文案

(5) 未经淘宝许可, 店标、店名、店铺公告及"个人介绍"页面禁止使用以下哪些字词?
(　　　)

A. 海外直供　　　　　　　　　　B. 淘宝授权

C. 中华人民共和国　　　　　　　D. 淘宝网特许

3. 判断题

(1) 店铺促销品和新品相比, 更能带来利润的是促销品, 更能带来流量的是新品。
　　　　　　　　　　　　　　　　　　　　　　　　　　　　　(　　　)

(2) 促销信息应简洁、字体统一, 字数尽量保持在 10 字以内, 做到清晰、有力, 避免文字混乱、喧宾夺主。　　　　　　　　　　　　　　　　(　　　)

(3) 商品图片拍摄顺序应遵循从局部到整体、从全景到特写、从正面到侧面、从内到外的原则, 形成规范的作业流程。　　　　　　　　　　(　　　)

4. 简述题

(1) 简述网上商店的优势和缺陷。

(2) 简述店铺的海报包括的类型。

"十四五"职业教育国家规划教材

电子商务基础（第3版）
主编：钟雪梅
书号：978-7-5624-9541-3

电子商务物流（第3版）
主编：雷颖晖
书号：978-7-5624-9542-0

网络客户服务实务（第3版）
主编：廖文硕
书号：978-7-5624-9592-5

移动电子商务（第3版）
主编：容湘萍　肖学华
书号：978-7-5624-9595-6

网店运营（第3版）
主编：张雪玲
书号：978-7-5624-9978-7

网店装修（第3版）
主编：张文彬
书号：978-7-5689-0146-8

网络推广（第2版）
主编：许嘉红
书号：978-7-5689-0837-5

网络客户服务综合实训（第2版）
主编：詹益生
书号：978-7-5689-0976-1

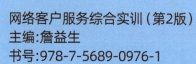

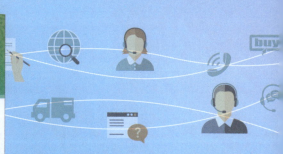

未完，待续……